A Cigana Dara

EM BUSCA DE SI MESMA E DA MAGIA DA VIDA

Ceres Schoeny

A Cigana Dara

EM BUSCA DE SI MESMA E DA MAGIA DA VIDA

MADRAS®

© 2017, Madras Editora Ltda.

Editor:
Wagner Veneziani Costa

Produção e Capa:
Equipe Técnica Madras

Revisão:
Margarida Ap. Gouvêa de Santana
Silvia Massimini Felix
Neuza Alves

**Dados Internacionais de Catalogação na Publicação
(CIP)(Câmara Brasileira do Livro, SP, Brasil)**

Schoeny, Ceres
A cigana Dara: em busca de si mesma e da magia da vida/Ceres Schoeny.
– 1. ed. – São Paulo: Madras Editora, 2017.

ISBN: 978-85-370-1065-5

    1. Ficção brasileira I. Título.

    17-04254   CDD-869.3

    Índices para catálogo sistemático:
    1. Ficção: Literatura brasileira 869.3

Todos os direitos desta edição reservados pela

MADRAS EDITORA LTDA.
Rua Paulo Gonçalves, 88 – Santana
CEP: 02403-020 – São Paulo/SP
Caixa Postal: 12183 – CEP: 02013-970 – SP
Tel.: (11) 2281-5555 – Fax: (11) 2959-3090
www.madras.com.br

Índice

Introdução 7

A Cigana Dara 16

    No orfanato, aos 17 anos, Dario a abandonou 16

    Nascimento de uma criança cigana 17

Manuel e Maria 20

Dara Recordando...dos 12 aos 14 Anos 27

    O sepultamento de Maria e Manuel 28

O Encontro de Dara e Dario 32

A Dor da Pedra antige Dara Mais um Vez 38

Encontro de Dona Marina e Dora.......................................43

O Menino Pedrinho 46

Dezesseis Anos se Passaram...54

O Acampamento de Ramon e Helena 62

Enquanto Isso, Dario 70

O Cigano Miguelito...73

No Hospital 92

Voltando ao Acampamento..95

    A volta para o acampamento 97

Encontro de Dara e Miguelito 104

    Segundo dia da Festa da Lua Cheia 106

O Ritual de Dara..108

    As caminhadas na floresta 109

    Padre Anselmo regressa 113

O Socorro a Giselle...118
    O ritual de cura...122
Estelita e as Crianças..131
    O ritual de Santa Sara...137
Dia Seguinte ao Ritual...142
    Estelita e Manu..153
    Dara antes do casamento...154
O Ritual de Dispedida – o Casamento Cigano........................... 156
    Rompendo com as tradições...156
    Dia do casamento..161
O Contato com Yasmim..170
Yasmim..173
Os Kakus Buscando Yasmim...182

Introdução

Uma cidadezinha no interior da Bahia. Povoado simples, um entre tantos que nem constam no mapa, chamado pelos moradores de Vila Alegre, com ruas de terra e casas térreas sem pintura, construídas precariamente. Na casa número 12, pintada rusticamente com cal branca, morava a cigana Dara.

Eram 22 horas e Dara se despedia da "freguesa" que viera ler as cartas. Uma senhora elegante, vinda de uma cidade a 200 quilômetros de distância, em um carro preto, luxuoso, dirigido por um motorista uniformizado. A rua já estava silenciosa, os moradores retirados em suas casas.

Quando dona Maria Rosa chegou à sua humilde casa, a cigana Dara leu em seus olhos que ela vinha obter da vidente uma confirmação para sua suspeita: se o marido a traía. Dara conduziu-a gentilmente a uma salinha de parede azul-clara, manchada pela umidade; nela havia uma mesinha redonda, duas cadeiras. Na parede, uma grande gravura da imagem de Jesus, desbotada pelo tempo. O mobiliário pobre e gasto revelava a simplicidade em que a cigana vivia. Todavia, a sala era limpa, cheirava a flores do campo.

Sentaram-se uma de frente para a outra e se entreolharam, avaliando-se discretamente, estabelecendo uma conexão.

A senhora sentiu força e bondade emanando da cigana: pareceu-lhe ser um espírito antigo, uma pessoa sábia em um corpo ainda jovem; seus lindos olhos dourados eram penetrantes. Dara sentiu que estava diante de uma pessoa sensível, bondosa, mas que aparentava certa arrogância.

Como sempre fez, Dara concentrou-se, antes de iniciar a consulta, pedindo aos ciganos do astral e a Jesus que a guiassem durante a leitura das cartas. Fechou os olhos, esperando sentir um arrepio na coluna – o sinal da presença de seus guias espirituais. Perguntou o nome de batismo e a data do nascimento da senhora com sua voz doce.

"Eu me chamo Maria Rosa Alcântara", respondeu, com altivez, a freguesa, que deveria ser de família importante, a cigana deduziu, porque ela ergueu o queixo quando pronunciou o nome. Detalhe percebido pelo olhar observador da vidente. Não era uma "Silva" ou outra qualquer, via-se por suas roupas caras, "mas sofria como qualquer pessoa", refletiu Dara.

"Dona Maria Rosa, o que quer saber?"

"Quero que veja nas cartas e me diga, cigana: meu marido me trai?"

Dara embaralhou as cartas gastas pelo uso enquanto pré-visualizava as cartas que apareceriam, como em uma projeção mental: uma jovem no caminho do marido dela, cobras, urso, raposa, revelando traição; o chicote, indicando discussões na casa; uma mulher e um caixão – a mulher à frente dela chorando... pensando em tirar a própria vida.

A cigana teve um tremor, sentindo o sofrimento que vinha daquela mulher.

Uma lágrima, que passou despercebida à senhora, rolou pela face da cigana, recordando-se da própria história. Discretamente, secou-a com a mão.

Colocou as cartas ciganas em leque, viradas para baixo, e pediu à senhora que escolhesse algumas, ao acaso, para montar o jogo. Dara sabia o que sairia, e dona Maria Rosa também: a maioria só ia lá para confirmar as suspeitas. Saíram as mesmas cartas que a cigana visualizou.

"Está traindo, sim, com uma jovem, bem próxima da família. Seu marido está enfeitiçado por ela, que lhe faz todas as vontades, tudo o que ele quer... É muito fogosa. E ambiciosa... Vai levar seu marido à falência."

Depois, Dara abriu o tarô. A mulher à sua frente tremia e levava a mão ao peito, em uma atitude de dor, decepção, os olhos marejados de lágrimas.

"Continue, cigana. Fiquei sabendo que a senhora diz a verdade..."

"Entre eles, vejo as cartas da Lua, dos Enamorados, do Diabo, confirmando a relação carnal, a paixão. A carta da Torre e do Louco, no campo profissional, mostra que essa relação terá consequências desastrosas, de ruína na vida dele. Está gastando o que não tem com ela. A saúde, representada pelo Ermitão e pelo Papa, mostrando que, se ele não se cuidar, ela será afetada no futuro. Se seu marido persistir nesse romance, poderá ter um fim muito triste, dona: o de morrer logo e sozinho..."

Dona Maria Rosa soluçava. Havia perdido o ar altivo de antes. Dara colocou sua mão sobre a dela, transmitindo-lhe uma energia maternal, apesar de ela ser mais jovem. Tinha 35 anos, olhos sábios, experientes. Assistia à dor do ser humano que estava à sua frente, impotente diante da realidade. Ofereceu-lhe um copo de água. Enquanto dona Maria Rosa bebia a água, acalmava-se, sentindo a vibração de paz daquele ambiente tão pobre, mas tão rico em amor.

"Continue, cigana. Fale-me por que isso está acontecendo..."

Dara olhava-a de maneira penetrante, lendo sua alma, seu passado. Via as cenas da vida dela, como se assistisse a um filme; com sua experiência e sensibilidade, não precisava mais das cartas para orientá-la, mas as pessoas confiavam no que viam nelas. Fechou os olhos. Arrepios circundavam seu corpo. Guiava-se pela intuição e via a vida da consulente:

"Seu marido é de origem humilde, sem estudo. A senhora roubou o coração dele e ele o da senhora logo que se conheceram. Sem perceber, foram se aproximando até o ponto em que se amaram, às escondidas.

"A senhora engravidou. Teimou em ficar com ele e a família, a contragosto, realizou o casamento, para que não ficasse malvista na cidade.

"Durante os primeiros anos, viveram um para o outro e para os filhos, frutos desse amor que vinha em primeiro lugar. Para que não passassem dificuldades, ele aceitou trabalhar para seu pai, mas se sentia infeliz nesse emprego; não progredia na empresa, seu trabalho não era valorizado.

"Viveram modestamente, a senhora acostumada a ter tudo na casa de seu pai, mas o amor dava forças para aceitar a situação. Até que um dia se cansou desse aperto financeiro: foi trabalhar na escola, era professora. Ele teve ciúmes do seu emprego, que era mais bem pago que o dele.

"E as brigas começaram. Por qualquer coisa brigavam e ele queria que a senhora parasse de trabalhar. A senhora queria mais para os seus filhos e foi trabalhar na empresa da família, em um cargo de destaque, porque a senhora tinha estudo. Foi se afastando dele e da família; já não o admirava como antes, mas continuava casada por causa dos filhos e porque mulher separada era malvista. Ele era um bom pai e, fora essa ciumeira, um bom marido, e ainda te amava. Tratava a senhora como uma rainha, quando estava bem, mas era grosseiro, quando tinha ciúmes, chegando a ser agressivo."

Dara continuou, de olhos fechados, as cenas desfilando em sua mente...

"A senhora se afastava dele e dos filhos, ganhando muito dinheiro, ele se sentindo abandonado. Apesar disso, ele não te deixou. Sonhava em trabalhar por conta própria, ter um comércio com refeições.

"Tentou falar do assunto com a senhora, mas não tinha mais tempo para ouvi-lo. Ia para casa só para dormir; sempre ocupada, mal se falavam."

As palavras da cigana penetravam no íntimo da consulente.

"Mudaram-se para uma casa rica e frequentaram a alta sociedade. A senhora crescia profissionalmente e se tornava importante.

"O orgulho a afastou dele, continuou casada, mas não o amava como antes nem percebia o quanto ele era um bom pai, adorado pelos filhos e uma parente sua. A senhora sabe quem é."

A senhora fez um sinal, concordando; seus olhos, marejados de lágrimas... Claro que sabia. Hospedava há quarenta dias a sobrinha vinda da capital. Nesse tempo, ela seduzia seu marido e arruinava seu casamento, sua vida.

A senhora refletia: "Estava há um tempo afastada do marido, quase não conversavam nem faziam sexo, como dizia a cigana. E de sexo ele entendia como poucos homens. Segundo ouvia de suas amigas casadas havia muitos anos, a maioria dos homens tornava-se fria, e, com o tempo, desinteressada. O seu, não: apesar de anos de convivência, ele a queria todas as noites, se permitisse. Mas eu estava sempre indisposta e agora sofria por isso, pois meu corpo sentia falta da virilidade de meu homem, com vontade de ser penetrada por ele".

"Eu tenho 53 anos, sou linda, refinada, inteligente", pensava, "e incapaz de segurar um homem que já foi louco por mim! Como cheguei a esse ponto? A sobrinha tem 23 anos! Inculta, vulgar. O que ele vê nela?"

Lendo seus pensamentos, Dara continuou:

"Seu orgulho o afastou da senhora. Ele lutou para se manter fiel, te amava, mas se sentia sozinho. Os filhos não precisavam mais dele também. Por isso não resistiu ao carinho, à paixão da moça por ele".

Um arrepio subiu pela coluna da cigana ao ver a carta da Torre: uma construção forte, em chamas, um abalo espiritual, pessoas caindo do alto.

Essas visões faziam-na pensar, às vezes, que era amaldiçoada, portadora de sofrimento. As visões só se concluiriam na hora certa...

Dara reviu sua própria história, em segundos: "Havia muitos anos, encontrara o grande amor de sua vida, Dario, o homem a quem vinha amando há algumas existências. Apesar de se amarem, afastaram-se um do outro porque ele não teve coragem de lutar por ela, contra os preconceitos que dividiam seus dois mundos: ele, de uma classe social abastada, um *gadjé* [não cigano]; ela, pobre, órfã, uma cigana. Sua mãe também a abandonara e ao seu pai pelo mesmo motivo. A história se repetiu com o homem a quem amou: sua mãe e Dario a abandonaram... Escolheram a riqueza, a obediência à família...".

Dara voltou de seu devaneio, sentindo que precisava encorajar a senhora a lutar por seu amor, a eliminar as barreiras do preconceito que separa as pessoas. Respirou, renovando a coragem para continuar: "Se ele não largar essa moça logo, repito, não demorará a morrer pobre e doente. A senhora precisa perdoá-lo, salvá-lo desse triste fim, porque, se não fizer isso, se arrependerá. Seus filhos irão para longe, irão culpá-la pela morte do pai. Não conte com eles para que cuidem da senhora. Construa uma nova vida para vocês dois, e um cuidará do outro. É assim que deve ser.

"'Como posso fazer isso?', a senhora vai me perguntar. Primeiro, tem de perdoá-lo, reconhecer que errou também; deixou a porta aberta para essa mulher entrar na vida dos dois e procurar um tratamento com um médico de confiança para os dois, um médico que aconselha o casal. Existe um amigo de vocês em quem podem confiar. Vejo aqui pela carta do Cachorro no baralho cigano, ao lado do homem, um homem moreno claro, alto."

A senhora concordou com a cabeça, lembrando-se do amigo Filipe, psicólogo. Ele tentava convencê-los a fazer uma terapia de casais; percebia que o relacionamento deles não ia bem e tentava auxiliá-los. Dona Maria Rosa estava boquiaberta por ver o conhecimento que aquela moça simples, sem estudo, possuía; ela resumira sua vida com detalhes, com uma veracidade impressionante. E mostrou o caminho. Seu coração sentia que deveria seguir os conselhos dela.

"Não será fácil conseguir seu marido de volta. A senhora deve usar as mesmas armas da amante dele e seduzi-lo de novo, como

quando era jovem. Arrume-se de forma provocante, mostre humildade e vontade de estar com ele. Interesse-se pelo que ele quer na
vida e o ajude a conseguir."

Maria Rosa lembrou-se de que seu marido sempre quis montar
uma cantina, e ela debochava dele, diminuindo-o, dizendo que cantina não dava dinheiro. A cada tentativa dele de falar a respeito desse
assunto, ela colocava obstáculos e ele, pouco a pouco, desistia de seus
sonhos, envergonhado, mudando de assunto.

"Quanta pretensão e arrogância da sua parte!", pensava.

"Mesmo que ele te ofenda, senhora, não responda, porque ele
faz isso por se sentir inseguro. Ou melhor, responda sempre com carinho.

"Ore todas as noites, converse com Deus como com um amigo
seu. Peça a Ele força para trazer seu amor de volta. Prepare comidi-
nhas de que ele gosta.

"Não conte a seu marido, de maneira alguma, que sabe do caso
dele com essa sobrinha, porque se ele souber que a senhora sabe, irá
se separar da senhora. Ele é um homem honrado, não quer manter
esse caso escondido.

"Peça para alguém influente despachá-la para longe de sua casa,
de sua cidade. Ofereça uma boa quantia em dinheiro para ela sumir.
vai ver que ela aceitará. O caminho ficará livre para a senhora recon-
quistá-lo.

"Deixe o passado para trás, cultive o verdadeiro amor por seu
marido."

Dara respirou fundo, elevando a vibração, envolvendo a consulente em uma energia positiva. Uma enorme paz envolvia a salinha.
A vidente e a consulente ficaram alguns minutos em silêncio, sentindo a energia de paz.

"Vai perdoar seu marido, dona?", perguntou Dara.

Tirou outra carta do tarô. O Sol brilhou na casa do amor e pediu
a Deus que trouxesse o perdão ao coração de Maria Rosa, para a Luz
do Sol entrar na vida dela. Estava diante de uma pessoa boa, sofrida,
que lutava para se livrar do orgulho. Que sentia o quanto amava o
marido, ainda.

Maria Rosa soluçava, não mais segurando o pranto, sentindo
seu coração se limpando da mágoa sofrida.

"Vou sim, cigana. Vou seguir seu conselho e ser feliz com meu
marido."

...passaram duas horas na consulta.

Os guias se despediam. Dara sentia-se feliz pelo encaminhamento da sessão, seus conselhos seriam ouvidos. Confiava em dona Maria Rosa.

"Quanto eu lhe devo, cigana Dara?"

"O que quiser me dar, senhora", respondeu Dara, timidamente.

Dona Maria Rosa virou-se de costas, preencheu um cheque, dobrou-o e o entregou à cigana, pedindo que fosse aberto depois que ela fosse embora. Dara aceitou, com gratidão, pensando: "Não importava a quantia dentro do envelope, e sim conseguir mudar o rumo daquela criatura de Deus".

Dona Maria Rosa despediu-se com um abraço caloroso e um novo brilho no olhar: o da esperança. Olhou mais uma vez, ternamente, para Dara. Retirou-se, com a fisionomia relaxada e o caminhar leve, elegante.

Dara agradeceu aos seus guias espirituais; lavou as mãos, respirou profundamente, olhou pela janela, vendo o carro luxuoso da freguesa ir embora e sorriu afetuosamente, pensando: "Vá com Deus, senhora".

Ao abrir o envelope, levou um susto, não acreditando. Lágrimas brotaram em seus olhos: a quantia era alta como jamais imaginaria! Pagaria suas dívidas, daria uma parte para os ciganos pobres que acampavam próximo dali e poderia pensar em fazer a viagem que tanto sonhava à sua terra natal, às suas origens. Não sabia nem como e quando, mas iria lá.

Deu Graças a Deus, tomou um banho com ervas medicinais e deitou-se.

Em sua cama, esperando o sono chegar, pensava nos sonhos que tinha desde criança, que revelavam um passado bem remoto: via os antepassados em caravanas de ciganos, atravessando um deserto, parando para dormir em lugares onde houvesse água; crianças rindo, brincando de roda, lua cheia, céu muito estrelado; jovens dançando, tocando; ela, Dara, bebê, no colo de um homem forte e valente, seu pai. Outras imagens vinham, se misturavam... Homens barbudos, de olhar cruel, atacando o acampamento cigano, gritando, raptando mulheres e crianças da tribo, matando os homens; seu pai, o cigano Ígor, o líder, lutando contra os invasores. A luta continuava. As visões se tornavam mais ameaçadoras, mais negras; não distinguia mais os vultos. Acordava sobressaltada, suando. Rememorava os fragmentos de sua história, juntando os pedaços, buscando o sentido do sofrimento pelo qual passara desde seu nascimento. Orava, orava e orava, pedindo a Deus sonhos tranquilos. Ela nem sabia de que país viera, quem era sua mãe. Sabia que seu nome espiritual e de registro era Dara, recebido ao nascer.

Seu pai de sangue foi o cigano Ígor, um *Barô* [chefe da tribo] e *kaku* [curandeiro]. Esse nome, Ígor, ficou gravado em sua memória, assim como seu próprio nome, bem como a cena cruel de seu pai sendo esfaqueado e morto.

Desconhecia o paradeiro de sua mãe, mas sabia que ela era *gadjé* e a abandonara após seu nascimento. Veio de terras distantes, salva por uma senhora cigana, com quem viajou de navio, até a Espanha. Lá foi adotada por um casal de ciganos portugueses, Manuel e Maria, que lhe devolveram a vida. Quando a conheceram, amaram-na de imediato, passando a cuidar dela e curando as feridas de sua alma infantil. Eles lhe disseram que quando a encontraram no acampamento da Espanha, Dara falava romanês, o idioma cigano. A pessoa que a salvara e a trouxera à Espanha deixou-a no acampamento e partiu em busca dos próprios familiares.

Manuel e Maria, que seriam seus pais adotivos, adoraram seu nome e decidiram que ela continuaria com ele e o sobrenome deles. Registraram-na com o nome Dara da Silva. Eles não tinham filhos, porque Maria era estéril, e sentiram a vinda dessa criança como um presente de Deus.

Seus pais adotivos diziam que Dara era uma criança linda, alegre, bondosa, cativava a todos ao seu redor. Rapidamente, aprendeu a se expressar em português e se tornou amada por todos ciganos. Seus pais foram seus melhores amigos. Viveram juntos até seus 14 anos. Aos 7, Dara demonstrava o dom de vidência com o qual nasceu; previa acontecimentos. Menstruou aos 10 anos e, a partir daí, desenvolveu seu conhecimento sobre curas com plantas medicinais com seu pai Manuel, e com Maria, sua mãe, aperfeiçoou a leitura das cartas e das mãos. Com 14 anos ficou órfã: seus pais morreram vítimas da malária.

Depois disso, com o auxílio dos guias espirituais, encontrou o orfanato de irmã Lúcia, que a acolheu durante quatro anos. Irmã Lúcia foi um anjo na vida de Dara: cuidou dela como uma mãe zelosa faria; mostrou-lhe Jesus, ensinou-lhe a orar o "Pai-Nosso", oração que passou a fazer todas as noites.

Aos 18 anos, Ramon e Helena, discípulos de seus pais adotivos, foram buscá-la no orfanato de irmã Lúcia. Ramon tornou-se *kaku* e Barô, tendo contribuído, como líder, para melhorar a vida do povo cigano. Sua esposa, Helena, administrava os acampamentos, trazendo progresso, educação.

Dara viveu com eles algum tempo em acampamentos, mas sua alma inquieta de nômade levou-a a buscar outros, em diversas regiões do Brasil nas quais morava por determinado tempo, sempre em tendas.

Pela primeira vez em sua existência, morou em uma casa, cuidando de uma senhora idosa que faleceu, deixando-lhe uma modesta propriedade como herança, a casa onde estava morando, o único bem que possuía e a única casa que habitara. Nela, jogava cartas e fazia curas com as plantas

Ultimamente seus sonhos lhe mostravam que deveria procurar por sua mãe. Dara perguntava-se se obteria a resposta às suas dúvidas: "Por que sua mãe a abandonara?"; "Por que Dario, seu grande amor, a abandonara?".

Seu ser clamava por uma resposta, por isso esses sonhos continuavam.

"Jesus, o cigano Ígor e meus guias do astral me levarão à minha mãe", Dara pensava, sentindo um arrepio percorrer seu corpo. Olhava para a quantia dentro do envelope que dona Maria Rosa lhe entregara, com lágrimas de agradecimento nos olhos.

CAPÍTULO I

A Cigana Dara

No orfanato, aos 17 anos, Dario a abandonou

Em seus momentos febris, Dara gemia, dizia palavras em outra língua; perdia-se em memórias longínquas. Algumas vezes se debatia, lutando. O suor escorria por seu rosto, o organismo tentava debelar a febre.

Irmã Lúcia e mais duas internas se revezavam com carinho, compartilhando da dor vinda da alma da linda cigana. O menino Pedrinho, saudoso de sua companhia, segurava sua mão, acariciava seu cabelo, triste.

"Perder Dario foi como tirar o sol da vida de Dara, antes tão alegre, brincalhona. Dias antes de adoecer, já não sorria, quase não se alimentava, o ambiente do orfanato era pesado, triste", pensava irmã Lúcia com pesar. Doía ver Dara doente; ela trouxe vida ao lugar. Parecia que adoeciam com ela.

A cigana delirava, dizia palavras em uma língua estrangeira.

Na falta de um gravador, irmã Lúcia procurou escrever as palavras que Dara pronunciava durante os delírios, sentindo que isso a auxiliaria um dia, porque sua memória era trazida à tona nesses momentos: memória que ela tentou bloquear para esquecer o passado. Nesse estado febril, Dara recordava todo o passado, não conseguia controlar as visões. Via a cena de seu pai, sendo morto pelos *gadjés*, que invadiram o acampamento havia muito tempo em um país distante, ataque do qual ela escapou, salva por uma cigana.

A última imagem do pai foi a de quando ele recebeu uma facada no peito e caiu por terra, ensanguentado. Ela, criança, diante daquela cena chocante, viu seu mundo ruindo, chorando desesperadamente por muitas horas. Nos sonhos, suas lágrimas se misturavam às do pai, lágrimas que ele derramou no momento em que defendia seu povo e a salvava dos invasores. As lágrimas se misturavam ao mar... Ao mar que a levou para longe de sua terra...

Dara e a senhora que a salvou andaram por estradas lamacentas que conduziam a vilarejos, sentindo muito frio e fome. Viajaram no porão de um navio para a Espanha. A senhora cigana, aconchegando-a nos braços, tentava em vão dar-lhe um consolo que ela perdeu tão tragicamente.

Recordava dos traços viris do rosto do pai; seus olhos marrom-escuros penetrantes, cabelos negros e lisos; o sorriso aberto, franco, que mostrava dentes brancos, perfeitos, contrastando com a pele morena, parda; dos ombros fortes, musculosos, protetores; de sua companhia constante junto a ela, menina. Ele brincava e dançava com ela.

Sua mãe era *gadjé*, de descendência europeia: loura, de olhos azuis e linda. Seu pai lhe contou isso quando era bem pequena e ela não se esqueceu. Não lembrava o nome de sua mãe, mas lembrava de seu pai dizer que a família dela a obrigou a abandonar Dara no acampamento após seu nascimento. Estava mamando no peito da mãe e foi brutalmente arrancada dos braços dela, chorando: uma cena dolorosa, que lhe causou pesadelos por muitos anos. Em seus delírios, Dara via essas cenas, sentindo-se desamparada, sem vontade de continuar viva.

Irmã Lúcia, ao seu lado, compreendia sua dor e lhe transmitia pensamentos de força e coragem.

Nascimento de uma criança cigana

"O nascimento de uma criança cigana é a esperança de continuidade da cultura desse povo, motivo de festejos, principalmente quando é o primeiro filho de um casal. O bebê é considerado um ser especial, que vem ao mundo trazendo uma mensagem de paz a todos e reforçando a continuidade da cultura cigana.

"A criança será tratada com amor por todos no grupo e seu nascimento é festejado por dois ou três dias. Os ciganos creem que o batismo traz sorte. O ritual mais marcante do batismo é o do nome. Na primeira mamada, a mãe sopra ao ouvido da criança seu nome secreto, que ninguém mais conhecerá. Só lhe será revelado no dia de seu casamento. A criança receberá outro nome, usado e conhecido no grupo. E terá um terceiro nome a ser usado apenas no mundo dos *gadjés*. O nascimento do primogênito traz ao pai prestígio, autoridade e responsabilidade. A mulher também se beneficia, deixando de ser *bori* [nora] para virar mãe. Isso dá mais autoridade à cigana, até então submissa à sogra e ao marido."

Dara recordou seu nome secreto quando começou a falar, com um ano e um mês. A primeira palavra que pronunciou ao seu pai foi seu próprio nome: "Dara"! Naquele instante, seu pai soube que sua filhinha era uma sensitiva e seria uma *kaku*. Realmente, esse foi o nome que a mãe lhe soprou quando a amamentou, logo após o parto: "Dara". Seu pai estava perto e ouviu! Se a filha gravou seu próprio nome no espírito, refletia seu pai, seria esse o único nome que ela usaria e não teria outro – decidiu o cigano Ígor, emocionado pela sensibilidade da filha.

A mãe foi levada por sua família *gadjé* e não voltou mais ao acampamento. Dara continuou a ser amamentada por uma mulher da tribo e cuidada por todos, mas foi seu pai quem se ocupou de sua educação, em tempo integral. Um dia, ele contou sua história e ela nunca mais esqueceu; as palavras ficaram gravadas em sua memória, e também a sensação de que seu pai continuou amando sua mãe, que era única para ele.

Para suprir a carência da filha, ficava constantemente com ela; cuidava dela em tempo integral. Ele era o *Barô*, e o *kaku* (curandeiro, feiticeiro), e a menina Dara o acompanhava, até mesmo em rituais sagrados dos *kakus*.

Ele se chamava Ígor, um líder que deu a própria vida para defender seus irmãos. Seu feito heroico era contado em histórias ciganas, no mundo todo.

Dara tremia pela febre; as imagens continuavam. Via nitidamente as cenas traumáticas pelas quais passara tão novinha... Lembrava a dor, o sofrimento estampado no rosto de seu pai ao entregá-la, durante o ataque, a uma senhora cigana que visitava o acampamento, suplicando-lhe que salvasse a filha Dara. Ela menina, fugindo no colo da senhora. Assistia apavorada à tribo ser dizimada, crianças gritando e tendas incendiadas pelos invasores. Essas imagens, que ela tentou em vão esquecer, ficaram gravadas em seu espírito. Durante a viagem, a senhora também chorava por seus próprios familiares, mortos nesse ataque. Elas duas estavam com frio e famintas, lutando para sobreviver em outro mar, em outras terras, entregues à misericórdia divina. Dara não abria a boca nem chorou mais durante a viagem.

Chegaram à Espanha enfraquecidas, doentes, desnutridas. Foram acolhidas por ciganos, levadas a um acampamento, cuidadas e alimentadas com carinho por todos, que, ao saberem do ocorrido nas terras distantes, se uniram ao propósito de dar-lhes uma nova vida. Na Espanha, os ciganos também eram segregados, as crianças não estudavam, eram perseguidos pelos governantes, pela Igreja, mas havia quem os amava e defendia. Graças a essas pessoas, conseguiam sobreviver com alguma dignidade. Depois de chegar à Espanha, Dara não viu mais a senhora que a salvou. Não lhe disseram nada a respeito dela, ela também não perguntou. Era muito criança e estava em um estado profundo de depressão.

Durante algum tempo, a menina se sentiu morta internamente, e só tinha 3 anos e meio... Uma criança velha, diferente de todas. Davam-lhe alimento líquido, na boca, para que não morresse de tristeza; rezavam para sua alma encontrar a paz. Benziam-na, tentando mantê-la viva. Ela emagrecia, sem vontade de viver. O *kaku* do acampamento administrava-lhe tratamentos com ervas e energização. Seu quadro era desolador e as pessoas simples, que cuidavam dela, não sabiam mais o que fazer para devolver-lhe a alegria de viver.

CAPÍTULO II

Manuel e Maria

Um dia, Dara foi apresentada ao casal Manuel e Maria, ciganos portugueses recém-chegados ao acampamento. Eram nômades, tentavam ter um filho havia alguns anos, sem sucesso. Já haviam chegado à meia-idade e ainda alimentavam o desejo de serem pais, mas conformavam-se com o destino. Desconheciam a causa da esterilidade e nem queriam saber disso, não se contestava. Era a vontade de Deus.

Maria era vidente, cartomante, companheira fiel de Manuel. Manuel era ferreiro, confeccionava tachos e panelas de alumínio, os quais vendia nas feiras locais. Era também um *kaku*: curava com ervas medicinais, rezas e benzimentos. A primeira vez que viram Dara, no acampamento espanhol, comoveram-se com o corpo esquelético dela, o sofrimento estampado na fisionomia da menina, seus enormes olhos amarelo-esverdeados, destacados pela magreza em que se encontrava; era dotada de grande beleza, encoberta pela nuvem de sofrimento que atormentava sua alma infantil.

Amaram-na imediatamente como se houvessem estado juntos com ela a vida toda. A partir desse dia, estavam sempre com Dara, empenhados em devolver-lhe a alegria perdida. Conversavam com ela, cantavam e dançavam para ela, com o propósito de tirar-lhe da apatia em que mergulhara. Aos poucos, ela despertava e voltava a falar, sorrir, alimentar-se; a esperança renascia em seu espírito. A menina Dara acompanhava Maria na dança, ao som da música cigana, girando, em movimentos graciosos, com a saia vermelha de cetim rodada que Maria lhe fizera, e, nisso, transportava-se a um mundo lindo, florido, onde reinavam o amor, a paz, a alegria... Voltava aos poucos a confiar na vida. Escolheu os dois, Maria e Manuel, como seus novos pais, o que a tribo aquiesceu, em consenso.

Registraram a menina com aproximadamente 4 anos de idade, mantendo seu nome, que ela sempre recordou, em respeito à sua memória.

Havia um juiz, no vilarejo próximo ao acampamento, que se compadecia dos ciganos e procurava auxiliá-los. Os ciganos eram responsabilizados por todos os infortúnios que aconteciam no vilarejo e nas cercanias, tais como: assaltos, rebeliões, tráfico de drogas. Esse juiz não concordava com a forma com que eram tratados: insultados em público, acusados de ladrões, bandidos. O juiz conhecia ciganos honestos, pacíficos e até frequentava as famosas festas da Lua Cheia, realizadas nos acampamentos deles. Apreciava a música e a dança ciganas, assim como a alegria desse povo.

Mas, como juiz, ele precisava manter a ordem na sociedade, a estabilidade em casa: às vezes, tinha de concordar com os "poderosos" para garantir a própria sobrevivência e a da família. Escutou a história da menina Dara, contada por Maria, e emocionou-se. Ao conhecê-la pessoalmente, ficou impressionado com a força que seu olhar transmitia, com o sofrimento que trazia estampado nos belos olhos dourados e com a harmonia que havia entre Dara, Manuel e Maria.

O juiz não teve dúvidas: registrou a menina como filha do casal, tendo 4 anos de idade, feliz por poder facilitar a vida deles. A sociedade queria a expulsão dos ciganos. Com documentos em ordem, teriam menos problemas com as autoridades policiais. Nessa época, poucas crianças ciganas possuíam registros de nascimento, desconheciam a própria idade.

Dara absorvia rapidamente a musicalidade e a língua de seus pais adotivos; aprendeu com Maria a cantar músicas tradicionais ciganas, em espanhol, português e romanês, acompanhada pelo violino e pela guitarra que Manuel tocava com maestria. Formavam um trio harmonioso, e os irmãos de tribo encantavam-se com essa união. Dara acompanhava os pais adotivos aonde quer que fossem. Temia que eles a abandonassem, dormia entre eles, estava sempre por perto. Não queria brincar com outras crianças; a companhia dos pais lhe bastava. Maria entendia que a menina ainda estava traumatizada pela separação do pai. Era preciso paciência com ela, incutir em seu espírito a confiança para que voltasse a viver livre, como outras crianças.

Nas noites de lua cheia, a tribo se reunia: homens, mulheres, crianças e idosos dançavam, cantavam, tocavam, celebrando a magia da Lua.

Ramon era um jovem cigano espanhol, que ficou órfão, deixado no acampamento ainda menino, adotado e querido por todos.
Tornou-se um rapaz de grande beleza, dinâmico e alegre. Cantava
e dançava com perfeição, um sucesso entre as jovens, que queriam
namorá-lo. Era cobiçado pelas ciganas e pelas *gadjés*, que vinham
nas festas de Lua Cheia para vê-lo dançar. Aprendeu com Manuel o
ofício de ferreiro e o acompanhava nas feiras para vender as panelas.
Tornou-se amigo da família e se sentia como "irmão mais velho" de
Dara. Ajudava o casal a tomar conta da menina.

Ele sentia um amor filial por Manuel, que era seu modelo de
líder pelas qualidades de caráter e de trabalhador que via nele. Essa
amizade se aprofundou. Estavam constantemente juntos.

O preconceito e as perseguições à tribo tornaram-se insupor-
táveis e os quatro, Manuel, Maria, Dara e Ramon, amigo inseparável
da família, com as parcas economias que possuíam, junto com uma
soma que a tribo recebeu de ciganos abastados, foram para o Nordeste do Brasil com outros ciganos de várias partes do mundo. Chegando
ao Brasil, dividiram-se, cada grupo buscando um lugar para viver. A
família de Manuel comprou um carroção, instalando nele os objetos
que comporiam seu novo lar.

Viajaram pelas estradas do Nordeste brasileiro à procura de
irmãos ciganos que os acompanhassem para formar acampamentos. Foram a um pobre e sujo, no Maranhão, onde havia carência
de alimentos, remédios e de saneamento. Nesse lugar, Maria e Dara
contraíram uma infecção intestinal. Após dias com dores e diarreias,
curaram-se com ervas e chás da vegetação local, preparados por Manuel, e antibióticos, receitados por um médico que atendia em um
posto daquela região. Nesse acampamento, muitos contraíam malária e morriam.

Com medo de que a família adoecesse novamente, deslocaram-se,
com o carroção, rumo ao Sudeste do país, onde, segundo ouviram
falar, havia fartura de tudo. Uma viagem árdua naquelas estradas
esburacadas, que conheciam longos períodos de seca e outros de enchente; mas os "Filhos do Vento", como eram chamados os ciganos,
homens livres, pertenciam ao mundo, não a um lugar só... Estavam
habituados a lutar pela sobrevivência.

Manuel era um ferreiro experiente, tinha boa lábia para vendas
e conseguia manter a família. Ramon trabalhava com ele na confecção de panelas; era um hábil guitarrista e dançarino de flamenco. Por
onde passavam, vendiam suas panelas de alumínio e cobre. À noite,

Maria, Dara, Manuel e Ramon cantavam e dançavam para as pessoas dos povoados. Pelos lugares por onde andavam, arrumavam amigos, que os ajudavam com roupas, medicamentos, alimentos. As moças das cidades ficavam apaixonadas pelo jovem cigano Ramon, com seu jeito sedutor de dançar e seus olhos verdes, penetrantes. Maria era cartomante; lia as cartas, aconselhava, ganhava algum dinheiro. Cobrava a quantia que as pessoas podiam lhe dar; não explorava ninguém e conquistava o coração das mulheres.

Manuel curava com ervas medicinais; era um *kaku*. Recebeu o ensinamento das ervas de seu pai, que, por sua vez, o recebeu de seu avô. Assim era passado de geração em geração. Também fazia curas com rezas, com energização. Dara foi aprendendo, assimilando o conhecimento dos pais. Aos 7 anos, sabia ler cartas, demonstrava uma forte intuição e fazia previsões do futuro, mas Maria queria que ela aproveitasse mais a infância e deixasse os dons para desenvolver depois que menstruasse.

Dara crescia com amor, auxiliando os pais nas tarefas domésticas, brincando com as crianças, aprendendo com a natureza, com as pessoas que passavam em sua vida, cada uma lhe transmitindo um pouco de experiência.

Dara não queria frequentar a escola. Sofria com as ofensas das crianças dos povoados próximos aos acampamentos, que a ridicularizavam por ser cigana. Com 9 anos de idade, aprendeu os rudimentos da leitura e da escrita, adquirido com uma professora simpatizante dos ciganos, Helena. Ela conheceu Ramon em uma festa de Lua Cheia e apaixonou-se pelo charmoso cigano espanhol. Por ele, abandonou a família e o trabalho da cidade, seguindo com os ciganos. Com a colaboração em dinheiro dos irmãos ciganos, realizaram um pequeno ritual de casamento.

Manuel tornou-se um *Barô* nos lugares onde erguiam acampamento por causa do carisma e da liderança junto aos irmãos. Era o pai, o conselheiro de todos. Ensinou sua arte de ferreiro e a fitoterapia tradicional cigana à tribo, realizou diversos casamentos por onde passaram.

Aos 10 anos, Dara entrou precocemente na adolescência. Seu corpo se transformou rapidamente de menina para mulher: seus seios se desenvolveram, o corpo se modelou em uma rapidez espantosa. Com a chegada da menstruação, Maria pressentiu que precisava prepará-la para a vida. Estava pronta para começar a ler as cartas, seus olhos penetrantes revelavam o dom da clarividência.

Em diversas ocasiões, Dara previu acontecimentos que se confirmaram. Nos sonhos, recebia revelações e conversava com amigos espirituais. Dara era linda: os longos cabelos acobreados chegavam à cintura, ondulados, os olhos brilhantes, amarelos e às vezes esverdeados, impressionavam: refletiam o amarelo do Sol, em dias claros, e o verde da vegetação, em dias nublados; seus lábios eram carnudos e vermelhos. Uma fisionomia impressionante de candura com maturidade, sensualidade com inocência; a pele clara e com sardas conferia-lhe um ar de criança travessa.

Uma beleza desconcertante, chamava atenção por onde passava, mas não percebia, tamanha sua simplicidade. Parecia já conhecer o que lhe era mostrado, impressionava a todos pela facilidade com que aprendia. Leu a mão de Maria como se tivesse sempre feito isso e, ao fazê-lo, seus olhos se encheram de lágrimas e brilharam, subitamente tristes, amadurecidos. Não disse à mãe o que viu e nem foi preciso: Maria sabia; ela mesma já havia visto. E as duas, em um silêncio amistoso, passaram a desfrutar ainda mais intensamente a companhia uma da outra. Maria ensinou Dara a cozinhar, a costurar, a dançar, a tocar, a cantar, os segredos da cartomancia e da quiromancia, querendo lhe passar a bagagem necessária para a vida.

Manuel, supersticioso, não deixava Maria nem Dara ler sua mão, temendo saber a respeito de seu futuro. No entanto, pressentindo que havia um objetivo na "urgência" de Maria em preparar a filha, levou-a para a floresta para lhe ensinar o emprego das plantas medicinais que curam. A fitoterapia é usada pelos ciganos há séculos, principalmente em acampamentos distantes das cidades. Dara já possuía conhecimento das plantas em seu espírito, herdada de seu pai de sangue e, somado ao que Manuel lhe transmitia, desabrochava como uma *kaku* aos 10 anos de idade. Manuel ensinou-lhe também o segredo de previsões por meio do voo dos pássaros, do movimento dos animais na natureza, entre outros; anormalidades nesses movimentos poderiam anunciar catástrofes, acidentes que aconteceriam.

Dos 10 aos 14 anos Dara passou por um processo de aprendizagem. Amadureceu, fortaleceu-se e sofreu, pois a transição da infância para a juventude foi tão rápida que não teve tempo de viver a adolescência. O amor dos pais a fortalecia, preparava-a para a vida. Evitava causar-lhes quaisquer aborrecimentos para que permanecessem mais tempo juntos.

A família se deslocou de um extremo ao outro do país, lutando pela sobrevivência deles e dos irmãos ciganos por onde estabelecessem acampamentos. Manuel tinha diversos seguidores que iam com ele para onde fossem. Confiavam no líder, que se tornava mais seguro de sua missão, sempre procurando tomar decisões justas, imparciais, visando ao bem de todos.

Viveram momentos difíceis, foram rotulados de foras da lei, ladrões, mas sempre foram socorridos por pessoas dispostas a auxiliá-los. Alguns quiseram acompanhá-los, tornando-se ciganos.

Como a maioria das jovens ciganas, Dara não frequentou escolas e aprendeu somente o básico: ler e escrever. Era muito inquieta para ficar em uma sala de aula e achava suficiente o pouco que aprendeu: preferia a escola da natureza, aprender observando. Maria queria que ela estudasse, mas desistiu, percebendo a determinação férrea que a filha possuía em não ir: Dara queria ficar mais com os pais. E temia ser humilhada pelas crianças *gadjés*.

Apesar de atraente, Dara ainda não despertara para o amor. Diferentemente das jovens ciganas, logo após a primeira menstruação, aprendeu com Maria a respeito de sexo e métodos contraceptivos naturais.

Maria tinha outra mentalidade. Não nasceu cigana. Foi criada como *gadjé*, alfabetizada, cursou todo o ensino médio. Tornou-se cigana após conhecer e se apaixonar por Manuel. Queria deixar Dara preparada – em todos os sentidos. Dara não se interessava por rapaz algum das tribos onde moravam, e chegava aos 13 anos sem um casamento "arranjado" pelas famílias. Os pais respeitavam-na, deixavam-na livre para decidir, o que não acontecia com nenhuma outra moça cigana. Essa independência de Dara afastava os pretendentes e assustavam as "possíveis sogras", para as quais as tradições deveriam ser seguidas à risca.

As moças ciganas se casavam por volta dos 13 anos. Precisavam mostrar à comunidade que eram virgens, exibindo o lençol com sangue após a primeira experiência sexual. Chegavam ao casamento desinformadas quanto a sexo e aos métodos contraceptivos. Casadas, deveriam sempre cobrir os cabelos com lenços, chamados de *diklôs*, para diferenciar-se das solteiras, além de jamais mostrar suas pernas.

Dara era mais alta e mais clara que a maioria das jovens ciganas, traços que herdara de sua mãe. Sentia-se diferente das outras e assim era vista, mas amavam-na a e à sua família. Quando iam com Maria para a cidade fazer compras, usavam calças compridas, vestiam-se como qualquer pessoa, evitando humilhações pelo fato de serem ciganas. As demais criticavam-nas por se vestirem nessas ocasiões como *gadjés*, mas não lhes diziam nada, uma vez que Manuel permitia essa prática.

Maria ensinou Dara a ganhar com a vidência, cobrando o necessário para viver e jamais esmolar nas ruas da cidade, como tantas ciganas fazem; assim, Dara não passou pela tradicional iniciação de ler mãos nas ruas em troca de quantias miseráveis que as ciganas recebiam. Em alguns clãs ciganos, esmolar e ler as mãos nas ruas era uma prova de humildade às quais as mulheres eram submetidas. Maria considerava essa prática uma vergonha, uma desonra às mulheres.

Às vezes, Dara perguntava a Deus: "Por que Maria não era sua mãe de sangue? Por que sua mãe a abandonara, assim como a seu pai?".

Discretamente, sem se fazer notar, observava a mãe Maria, quando ela se retirava e entrava em um local sagrado, na floresta, e orava fervorosamente. Às vezes a dor transparecia em sua fisionomia. Dara sentia, mesmo distante alguns metros, a dor da mãe em seu coração. Comungavam do mesmo sentimento de amor, de medo, de amizade. Dara pensava que só havia espaço, naquela fase de sua vida, para os pais e que um dia o amor chegaria, e ela o reconheceria.

Dara recapitulava sua história nesses estados febris. As imagens passavam em sua mente como em um filme.

CAPÍTULO III

Dara Recordando...
dos 12 aos 14 Anos

Ao contrário do que Manuel imaginava, a venda das panelas era muito mais forte no Nordeste do Brasil. O povo apreciava o comércio ambulante, principalmente em cidadezinhas de difícil acesso. Em uma delas, Vila Santa Rosa, chegaram, conquistaram diversos amigos, venderam suas panelas e suas ervas, erguendo um acampamento no qual viveram com dez famílias de ciganos, por dois anos. O calor no local era às vezes insuportável; a vida difícil, ora com secas, ora com enchentes que duravam meses. Mas a bondade das pessoas, o calor humano que encontraram ali, superavam os problemas. Sentindo-se em casa, ficaram por lá. A comunidade local participava das festas dos ciganos com alegria, amizade, sem discriminação.

Até que as chuvas começaram a cair naquele povoado, trazendo inundações e perdas – da lavoura, de casas – por meses, disseminando doenças como diarreias, malária, com um número significativo de óbitos. Manuel fez de tudo para ajudar as pessoas, mas ele mesmo se sentia enfraquecido.

Algumas famílias escaparam, rumaram para outros acampamentos, em área mais seguras, inclusive Ramon, Helena e seus dois filhos ainda bebês; mas Manuel não podia abandonar as pessoas em um momento tão sofrido. Os ciganos, mais as pessoas do lugarejo que não haviam adoecido, lutaram bravamente, salvando móveis e diversas pessoas das enchentes, e lidando com os problemas decorrentes disso.

Os medicamentos que o governo enviava não chegavam a tempo, causando uma verdadeira catástrofe, para a tristeza de Dara, Manuel e Maria, que lutavam dia e noite; enfim, apresentaram os sintomas de malária. Dara reconheceu a doença pelos casos que havia presenciado: febre, calafrio, dor nas articulações, vômito, anemia, convulsões. As febres que duravam horas, os tremores, calafrios e o suor abundante deixavam claro que a doença evoluía rapidamente. Não havia mais o que fazer se os medicamentos não chegassem até eles. Manuel, o líder, o curandeiro da tribo, estava inanimado na cama. Maria não tinha forças para cuidar dele, apresentava os mesmos sintomas.

Dara aplicava-lhes compressas frias, dava-lhes a água limpa que restava para beberem e se reidratarem, sabendo que até a água em breve acabaria... tanta chuva e sem água boa para beber!

A hora temida, que vira quatro anos antes ao ler a mão de sua mãe Maria, aproximava-se. A fraqueza invadia o corpo de Maria velozmente, implacavelmente... Ela havia preparado Dara para a vida, porém não para essa separação. Um dia, seus olhos amorosos se encontraram com os de Dara, despedindo-se... até que se fecharam.

Manuel morreu horas depois de Maria, segurando a mão de Dara. Em seus últimos momentos de vida, sua mão forte enlaçou a da filha. Sorriu para infundir-lhe confiança, como sempre fazia, e se foi, partindo junto com a mulher amada. Dara foi poupada da doença que dizimou tantas pessoas, assim como alguns jovens órfãos que perderam a família e seus poucos bens. Dara deveria tomar as decisões doravante.

Não havia tempo para viver o luto. Devia seguir adiante após a morte dos pais e se salvar, como lhe recomendara Maria. Dessa vez, apesar de triste, estava preparada para a separação: mais forte, mais consciente. Maria lhe dizia sempre que queria vê-la alegre de lá de cima, onde ela estava. Dara e os pais viveram juntos momentos maravilhosos e ela era grata por isso.

A chuva dava uma trégua e os sobreviventes encontravam forças para sepultar seus entes queridos.

O sepultamento de Maria e Manuel

Manuel e Maria acreditavam na vida após a morte. Por isso, Dara quis seguir o ritual cigano de sepultamento. O objetivo desses rituais era aliviar a dor dos antepassados que partiam. Orientados por Dara, os amigos do vilarejo se uniram, providenciaram os caixões, colocando dentro de cada um uma moeda para que os defuntos pudessem pagar o canoeiro pela travessia do grande rio que separa a vida da morte. Ofereceram um ritual com água, flores e frutas, pedindo que as almas das pessoas falecidas compartilhassem da cerimônia e se libertassem gradativamente das coisas da Terra.

Dara entoou um canto cigano, prestando-lhes uma homenagem simples e respeitosa a fim de que suas almas fossem em paz... No final, todos aplaudiram, emocionados, desejando libertação para as suas almas.

Dara e mais dois jovens ciganos, Yasmim e o irmão dela, Pedro, que também ficaram órfãos, carregando um pouco de alimento salvo da enchente, partiram dali. Era a hora de partirem... Eram nômades... Livres.

Andou alguns dias a pé, de carona em caminhões. Seu instinto levou-a a um lugarejo do Piauí, entre Esperantina e São José do Divino, onde foi informada de que havia um convento que aceitava órfãos.

Chegou sozinha, guiada por sua intuição. Seus amigos seguiram outro rumo. Estava suja, com a roupa rasgada e faminta. Não comia havia dois dias. Bateu na porta principal do convento e aguardou, tremendo de cansaço.

Uma freira alta, magra, de olhos azuis, olhar bondoso, atendeu a porta. Ao se deparar com aquela moça parecendo uma maltrapilha, magra, com impressionantes olhos amarelo-escuros, parou surpresa, perplexa com seu estado de desamparo. Acolheu-a imediatamente, levando-a à cozinha para dar-lhe de comer.

Dara devorou o grande pedaço de pão, o copo de leite e a fruta que lhe foram oferecidos em poucos minutos. Não dizia nada, percebia-se sua exaustão. Depois de comer, deixou-se levar pelas bondosas mãos da freira a um banho quente, de chuveiro elétrico, algo que ela desconhecia: chuveiros elétricos não existiam nos acampamentos ciganos. Foi maravilhosa a sensação da água em sua pele, em seu corpo, após uma viagem árdua e sofrida.

A freira, irmã Lúcia, forneceu-lhe roupas limpas e chinelos. Levou-a para o dormitório, com 30 crianças, mostrando o lugar em que Dara dormiria. Esta caiu na cama, dormiu imediatamente, tamanho seu cansaço. Irmã Lúcia observou-a enquanto dormia.

"Como ela é jovem, parece um anjo! O que será que ocorrera com essa mocinha que parecia tão sofrida?", perguntou-se.

Nos dias seguintes, irmã Lúcia dedicou-se à adaptação de Dara no orfanato, aproximando-se dela devagar, respeitando os limites que ela permitia, Dara estava introspectiva, calada, mas trabalhava ininterruptamente, limpando os aposentos, dando banho nas crianças, só parando ao anoitecer para tomar banho e jantar. Dara contou à freira que era cigana, nascera em uma terra distante. Os pais adotivos contraíram malária e haviam morrido cerca de um mês antes. Vivia em um acampamento longe de onde estavam. Resumiu sua vida em algumas linhas. Nem chorou quando falou de seus pais. Irmã Lúcia lamentou intimamente que ela tivesse crescido tão rápido!

A irmã estranhou a pele clara de Dara, os olhos dourados, as maneiras refinadas, sua pronúncia correta, inteligência. Era diferente dos ciganos que, de tempos em tempos, passavam pela região, esmolando, roubando, sendo insultados. Dara possuía um olhar penetrante, uma força que emanava de seu ser. Ela trouxe vida, alegria ao orfanato. Cuidava das crianças com amor e carinho, cantava lindas canções ciganas à noite, no dormitório, e elas adoravam. Além disso, possuía um profundo conhecimento de plantas medicinais. Aos poucos, irmã Lúcia aprendia com a jovem cigana o uso das plantas para chás e remédios. "Tão jovem, tão sábia, preparada para a vida!", pensava a freira, querendo conhecer mais a respeito de Dara, que a cativava dia a dia.

A freira constatava, também, a cura produzida pelas plantas nas doenças infantis. Outra coisa que começou a perceber é que Dara observava os pássaros, fazendo algumas previsões sobre o tempo que posteriormente aconteciam. Irmã Lúcia intuía que se tratava de mistérios ciganos, dos quais já ouvira falar. Começava a acreditar neles. Dara a fascinava a cada dia.

A moça rezava todas as noites. Acreditava em Deus e em Jesus. Maria lhe havia ensinado alguns princípios do Evangelho, nos quais ela fora criada. Os ciganos creem na existência de outras vidas além desta e que céu e inferno aconteciam na Terra mesmo, como resultado das ações de cada um. Diziam que teriam oportunidade de voltar em outros corpos para evoluir, corrigir as falhas ocorridas na vida atual. Ela expunha esse pensamento à irmã Lúcia, que a ouvia, respeitava suas crenças.

Dara tinha sua maneira particular de rezar: afastava-se das pessoas, sentava-se e conversava com Jesus, como quem falava com um amigo querido... Irmã Lúcia observou essas cenas, diversas vezes, discretamente, o que ela denominava "Diálogo de Dara com Jesus".

Emocionava-se com a pureza, a bondade da moça cigana. Com muito carinho, começou a ministrar-lhe o Evangelho em doses moderadas, porque Dara era inquieta, teimosa, não ficava muito tempo sentada, só escutando; queria aprender na prática. Tinha muita energia, muito amor para dar. E esse amor era o que mais irmã Lúcia apreciava nela: via a gratidão e o amor nos olhos da jovem cigana.

Dara amava irmã Lúcia e a tratava como sua mãe: com respeito e prontidão para obedecê-la. Às vezes, a irmã era severa com ela e com os órfãos, mas eles não guardavam rancor e sabiam que deveria haver algum motivo para aquele comportamento da freira.

O orfanato sobrevivia com um baixo orçamento. Não podia haver desperdícios de forma alguma: alimentos, água, eletricidade; tudo era controlado, cada um tinha sua porção de comida no almoço e na janta; os banhos não podiam ultrapassar cinco minutos; as roupas eram lavadas três vezes por semana. Economizavam no material de limpeza, em tudo.

Os comerciantes locais faziam doações de alimentos não perecíveis, materiais de limpeza, roupas usadas. Não faltava e não sobrava nada, graças à eficiência de irmã Lúcia. Recebeu a direção do orfanato, ameaçado de fechar por falta de recursos, e reergueu-o em apenas alguns meses, com valores arrecadados em quermesses, doações – e conferindo-lhe simpatia da sociedade, que não saberia o que fazer com os órfãos, caso o orfanato fechasse.

CAPÍTULO IV

O Encontro de Dara e Dario

Em uma tarde, irmã Lúcia enviou Dara ao armazém de um rico comerciante, cujas doações de mantimentos estavam atrasadas, para saber o que ocorria. Começava a faltar comida no orfanato; não podiam esperar mais.

Dara vestia roupas simples, doadas aos órfãos pela comunidade local: uma saia de algodão branca, rodada, abaixo do joelho, uma camiseta vermelha, sua cor preferida. Nos pés, uma sandália branca, do tipo havaiana. Vestimenta pobre, simples, mas estava linda, com os longos cabelos limpos, soltos e brilhantes, que as crianças escovaram com carinho. Havia adquirido um ar saudável. Alegremente, sem constrangimento, entrou no armazém de mãos dadas com Isabel, uma garotinha de 6 anos, do orfanato.

Chegou ao caixa do armazém e parou.

Dara estava frente a frente com o rapaz mais lindo que já vira em sua vida! Um jovem de pele morena clara, lindos olhos verdes, cabelos compridos, presos por um rabo de cavalo, de aproximadamente 1,85 metro de altura, corpo musculoso e forte. Um bonito rosto, olhar bondoso. O homem de seus sonhos. Seu coração disparou quando o viu.

Olhou-o fixamente, com seus olhos amarelo-esverdeados penetrantes, ao que ele retribuiu, desconcertado, por causa das emoções desconhecidas que sentiu. Demoraram alguns minutos para conseguir falar, ambos constrangidos. Dara quebrou o silêncio e, com a voz trêmula, apresentou-se ao rapaz, desconcertada com a beleza masculina. Explicou-lhe gaguejando, tímida, que vivia no orfanato e que estava ali a pedido da irmã Lúcia para saber por que a entrega de mantimentos não havia ainda sido feita; estavam necessitando disso. O rapaz se desculpou, embaraçado, sentindo suas pernas tremerem. Garantiu que naquele dia mesmo ele levaria a doação, que não se preocupassem.

No fim da tarde, ele próprio, filho do dono do armazém – o qual tinha diversos estabelecimentos – como jamais ocorrera, levou as mercadorias ao orfanato. Foi recebido pela própria Dara, que ainda não havia se refeito das emoções que aquele encontro provocara dentro dela. Ele achou a moça mais bonita ainda e novamente suas pernas tremeram ao vê-la.

Ficaram parados na entrada, inicialmente se olhando, depois os dois ficaram encabulados, sem saber o que dizer. Irmã Lúcia apareceu na porta de entrada, logo percebendo um brilho diferente nos olhos de Dara e nos do rapaz, a quem ela conhecia desde pequeno. Convidou-o a entrar, o que ele aceitou prontamente, para surpresa da freira. Percebeu que ele deslumbrou-se com Dara, pois seguiu a cigana com o olhar quando ela se afastou para levar os mantimentos à despensa.

Dara demorava a voltar. Ele perguntou à freira quem era essa moça que nunca havia visto. Em sua voz, notava-se um forte interesse. Irmã Lúcia ficou preocupada com isso, contou-lhe as circunstâncias em que a jovem chegou ao orfanato e o apoio que a jovem vinha lhe dando.

Dara ficou na cozinha sentadinha em um canto, encolhida, muito perturbada com aquele encontro que lhe despertava sentimentos e sensações que não conseguia controlar nem disfarçar. Esperou o rapaz ir embora.

No jantar, Dara perguntou timidamente à irmã quem era o rapaz e o nome dele, não levantando os olhos para encará-la. Irmã Lúcia respondeu que ele era filho de fazendeiro e dono de diversas lojas da cidade, inclusive do armazém em que se conheceram e que se chamava Dario.

Quando Dara ouviu o nome "Dario" arregalou os olhos, como recordando algo. Ficou confusa, o coração batendo acelerado, não conseguia se acalmar. Respirava, tentando disfarçar a perturbação interna, o nervosismo. Comeu somente um pouco e retirou-se para o quarto.

Caiu na cama, de braços abertos, olhando para cima, pensando, sentindo diversas emoções em seu peito. Ela não percebeu que irmã

Lúcia a observava, da porta, pensativamente, nem a viu sair. Passou a noite pensando em Dario... Dario e Dara... Tinham o mesmo nome... O nome Dario, que ela via em seus sonhos... Não podia ser coincidência.

Com a morte dos pais adotivos, Dara pediu aos guias espirituais ciganos que lhe bloqueassem a visão para viver como qualquer pessoa: sofria muito ao antever o futuro. Seu pedido foi atendido: ela não sonhava mais, não lia mais a mão, não jogava cartas, mas o encontro com Dario despertou novamente seus sentidos, a sensação de já conhecê-lo anteriormente, em outra vida, de amá-lo há muito e muito tempo.

Dario também ficou "intrigado" com aquela moça diferente que ele conhecera. Achou-a tão naturalmente linda, tão sensual, que não podia deixar de pensar nela. Queria revê-la, a sós, longe do orfanato. Já estava comprometido, quase noivo de Priscila, filha do diretor de uma multinacional, que morava na capital – e era quase certo que se casariam em breve. Era um casamento "arranjado" entre seu pai e os pais da noiva. Priscila e Dario cresceram juntos e ela o amava desde criança; ele sentia amizade por ela, não a amava, mas não questionava as determinações de seu pai: conformava-se com as imposições vindas dele.

O pai de Dario, o coronel Danilo, era um homem autoritário, temido na região. Dono de fazendas, lojas e empresas, tinha grande influência na cidade, empregava centenas de pessoas. Pagava mal seus empregados, mas ninguém ousava enfrentá-lo ou denunciá-lo sob o risco de sofrer retaliações. Havia rumores de que ele mandava eliminar seus oponentes. Pessoas que falaram contra ele haviam desaparecido, mas nunca provou-se nada.

Dario era seu único e amado filho; um rapaz generoso, sensível, parecido na maneira de ser com sua mãe, Marina. Como os demais, era submisso ao pai, mas não se deixou contaminar pela maneira paterna de ser; era bondoso e querido por todas as pessoas, independentemente da classe social.

Irmã Lúcia promoveu a tradicional festa das crianças, no orfanato, a fim de arrecadar fundos para a manutenção do orfanato, compra de brinquedos e materiais escolares. Havia comes e bebes; a festa era bem alegre e acontecia todos os anos, próximo ao dia das crianças. Dara ensaiou uma coreografia de canto e dança cigana com as crianças. Confeccionou-lhes fantasias com as roupas que não usavam mais. Compareceram à festa diversas pessoas da cidade a convite de irmã Lúcia. Voluntários vieram auxiliar vendendo alimentos e bebidas.

Na apresentação da dança cigana, Dara entrou bailando, cantando, tocando castanhola, acompanhada pelas crianças que também cantaram e dançaram. Elas faziam movimentos sinuosos, rodando, com as saias de cetim vermelhas, amarelas, com rendas brancas, blusas rendadas brancas, flor vermelha no cabelo. Estavam lindas, alegres, envolvidas com os personagens que representavam.

Dara foi para o centro da roda e começou a cantar uma linda música cigana, que falava de saudade; executava movimentos graciosos, rodando a saia, batendo os pés no chão, os braços acompanhando com gestos harmoniosos. Começou a rodopiar, cada vez mais rápido, entrando em transe. Sua voz se elevava, olhava para o céu, sentindo a presença dos pais adotivos.

Tão absorta na dança, nem viu Dario assistindo-a, fascinado com sua beleza e feminilidade, boquiaberto, apaixonado. Tão maravilhado pela visão da cigana que a aplaudiu de pé, só tendo olhos para ela durante alguns minutos depois que a dança terminou. Ela voltou a si, percebeu a presença dele; os olhos deles se cruzaram... naquele momento, sentiram que se amavam.

Irmã Lúcia, discreta, observava a cena. Uma lágrima rolou em sua face, pressentindo o porvir, sentindo-se impotente diante dos jovens apaixonados.

Dario "encontrava" pretextos para ir ao orfanato, por qualquer motivo que fosse, e Dara achava um jeito de recebê-lo sempre. Algumas vezes, ele brincava com as crianças, que adoravam ter um homem tão bonito e musculoso por perto, dando-lhes atenção. Dario era um rapaz bom, trabalhador e estava louco por Dara – observava irmã Lúcia –, mas era mimado, acostumado ao luxo. Não teria a determinação para ficar com Dara, romper com os preconceitos. Ela se preocupava, imaginando aonde chegaria esse "flerte".

Dias depois, Dara perguntou à irmã Lúcia se ela lhe daria permissão para namorar Dario. Pediu como uma filha obediente – percebeu a freira –, mas seu olhar tinha a determinação de quem não admitiria um "não" como resposta. A irmã teve de concordar, a contragosto, mas preveniu-lhe de que ele poderia já estar comprometido com alguém.

Dara ficou desconcertada com esse comentário, não respondeu nada, mas fechou-se à freira, saindo todos os dias, das 15 às 19 horas, com Dario, respeitando o limite de horário que lhe fora imposto por irmã Lúcia.

Voltava para a janta, em silêncio, com olhar distante, absorta em pensamentos, sonhando em rever o amado, mais linda que antes, apaixonada. Após o jantar, organizava a arrumação da cozinha junto com sua equipe, e às 21 horas já estava na cama, não queria ver televisão nem contar histórias às crianças. A paixão a transformava, estava obcecada por Dario, só pensava no momento de revê-lo. Durante o dia, trabalhava mais, parava menos, para compensar a irmã de suas ausências diárias, do silêncio que se estabeleceu entre elas, silêncio esse que pesava na alma de Dara, mas ela tinha necessidade, nesse momento, de viver essa paixão avassaladora que lhe roubava a paz de espírito. Ansiava o momento em que estaria nos braços de Dario, que pertenceria a ele, de corpo e alma.

Dario a desejava intensamente. Seus olhos percorriam seu corpo nu, não acreditando naquela visão abrasadora. Tocava suavemente a pele aveludada dela, coberta por pelos finos, acobreados... Dara não se depilava e sua beleza selvagem lhe despertava um desejo crescente, queimava-o por dentro. Só pensava nela, o tempo todo só queria ela. Não prestava mais atenção ao trabalho. Fantasiava-se fazendo amor com Dara em diferentes lugares, não se saciava. Amava o riso fácil, os olhos dourados, a boca carnuda, o corpo curvilíneo da cigana, a forma extrovertida de ela demonstrar seu prazer. Ela o complementava. Ficar algumas horas sem vê-la era um suplício diário.

Dara perguntou-lhe algumas vezes a respeito da "suposta noiva", mas ele sempre desconversava. Sua intuição a alertava de que ele escondia algo, que a irmã Lúcia estava certa, mas se recusava a aceitar a verdade; reencontrara o amor de sua vida e queria viver livremente com ele.

Ela queria que se encontrassem às claras, mas continuaram se encontrando às escondidas, no rancho do pai de Dario, onde iam a cavalo, diariamente. Amavam-se ao ar livre, como dois jovens apaixonados, explorando o prazer. Ela, seduzindo-o com sua sensualidade cigana, livre; ele, com sua beleza máscula, seu vigor sexual.

Voltavam exaustos, para seus respectivos lares, consumidos pela energia gasta com o prazer. No dia a dia, Dario estava cada vez mais distraído, só pensava em Dara, despertando suspeitas. O casal foi visto por empregados da fazenda, que relataram ao coronel os encontros. Começaram a ser observados, seguidos, por ordem do pai do rapaz. Uma tarde, quando se amavam na relva macia da fazenda, foram surpreendidos pelo pai de Dario.

O coronel Danilo aproximou-se agressivamente dos jovens amantes, aos gritos.

Dara, surpresa, ficou sem ação, vivenciando uma cena humilhante: insultada com palavras de baixa categoria, expulsa do local. Envergonhada com sua nudez, cobria seus seios e seu sexo com as mãos, segurando suas roupas, não acreditando nas ofensas que ouvia. Assustada, olhava ora para Dario, ora para o coronel, que a tratava como uma prostituta criminosa.

Dario encontrava-se paralisado, em choque pela situação, com os olhos cheios de lágrimas. Não a defendeu, não pronunciou uma palavra a seu favor. O mundo deles começava a desmoronar. O coronel, aos gritos, dizia-lhe que era uma prostituta, uma cigana suja. Dario abaixava a cabeça e chorava baixinho; nem ousava olhar para ela, envergonhado, sentindo-se um covarde. Dara se sentiu pequena, órfã, feia, rejeitada. Novamente rejeitada.

A dor da perda, do abandono materno voltou a doer em seu coração.

Saiu de lá desesperada, com lágrimas escorrendo em seu rosto, segurando as roupas pela estrada de terra até a cidade. Vestia-se enquanto corria, não querendo parar, os pés sangrando. Sentia-se de novo uma cigana perseguida por *gadjés*. Chegou no orfanato arrasada, exausta pelo esforço da corrida, arrastando-se pelo cansaço, indo direto para o dormitório. Não quis olhar nos olhos de irmã Lúcia; não se mostrava digna. Queria morrer, queria sumir, queria dormir e não acordar mais.

CAPÍTULO V

A Dor da Perda Atinge Dara Mais uma Vez

E dormiu... durante alguns dias. Irmã Lúcia chorou ao vê-la naquele estado deplorável, mas já pressentia que a cigana passaria por isso. A jovem ainda faria 16 anos e já atravessava tamanho sofrimento.

"Dario não tinha a fibra de lutar pelo amor de Dara. Ela, sim, teria garra de lutar por ele se estivesse no lugar dele. A diferença entre os dois mundos não permitiria que ficassem juntos", refletia, pesarosa, a bondosa freira.

O pai de Dario tinha planos bem definidos para o rapaz, já havia lhe arranjado um casamento à altura de sua posição social, nunca permitiria um casamento do filho com uma cigana órfã e pobre. A mãe de Dario, Marina, era amiga de irmã Lúcia, uma pessoa simples, bondosa, mas submissa ao marido; não interviria a favor de Dara. Naquela região, os coronéis eram a autoridade máxima: cruéis, implacáveis, não ousavam enfrentá-los.

Dara mergulhou em uma tristeza profunda. Aos poucos adoecia, não comia mais. Afastou-se das crianças, do mundo.

Irmã Lúcia, com o amor que já nutria pela cigana, empenhou-se em cuidar dela. Pedia força a Deus para encontrar a maneira de tratar a alma doente de Dara; utilizou compressas com as ervas medicinais que Dara lhe ensinou a usar, para diminuir a febre. Rezou, no leito dela, dia e noite. Delegou a funcionários o comando do orfanato para cuidar da jovem cigana, que, nesses momentos, parecia uma menininha solitária, perdida, indefesa. Em certo momento, irmã Lúcia começou a perceber a língua estranha com que Dara se expressava, em seus delírios, com voz de criança, deitada em posição fetal na cama, parecendo voltar aos primeiros anos da infância. Era impressionante. "Deveria haver uma explicação além de sua compreensão", pensava Irmã Lúcia.

Uma noite, Dara acordou gritando por socorro, saindo daquele estado de inconsciência em que se encontrava, perdendo muito sangue. O lençol ficou encharcado pelo sangue que escorria em suas pernas. Abriu os olhos apavorada, tendo um lampejo de consciência, percebendo que estava abortando. Gritou, gritou, gritou com as forças que lhe restavam. Um grito de dor, de desespero, que fez com que o coração da irmã disparasse de medo. Depois disso, Dara desmaiou.

Só despertou daquele estado de inconsciência alguns dias depois. Sentia-se vivendo um pesadelo, não queria mais existir – e não a deixavam morrer. Ficou à mercê do destino, desidratada, em estado vegetativo.

Até que em um momento viu uma luz e pediu por socorro aos seus guias, que voltaram em seus sonhos, dando-lhe energia e água, hidratando-a. Precisava viver e viveria... A febre foi aos poucos cedendo, a cor voltando à sua face, acordando de um sonho que mudaria sua vida. E mudando a vida de irmã Lúcia, que passou a crer que havia equipes no plano espiritual, auxiliando as pessoas na Terra, de acordo com as crenças, com a afinidade de uns para com outros. Os anjos em que a Igreja acreditava não eram os mesmos anjos para os ciganos, e isso não importava, porque também socorriam as pessoas que sofriam.

Dara voltava à vida, refeita. Isso impressionava irmã Lúcia e aumentava seu respeito pela magia do povo cigano. Dara se recuperava, crendo com mais força em Jesus, que lhe irradiou luz durante todo o tempo de sua enfermidade.

"Senti a presença constante de Jesus ao meu lado", disse para irmã Lúcia.

As duas se abraçaram, emocionadas, sentindo-se ainda mais unidas.

Dara não quis mais falar a respeito de Dario, apesar das tentativas de irmã Lúcia de abordar esse assunto, preocupada, ainda, com a recuperação da saúde física e emocional de Dara, mas, ante a recusa dela, desistiu do assunto, decidida também a iniciarem uma nova etapa.

Dara faria apenas 16 anos, mas parecia uma mulher adulta, decidida, trabalhadeira, responsável. Acordava às 5h30, limpava, lavava o orfanato, cozinhava, cuidava das crianças, mantinha-se ocupada até as 18 horas, quando tomava banho, jantava e ainda punha as crianças para dormir. Era o braço direito de irmã Lúcia. Cuidou das crianças doentes como só uma mãe faria, disciplinou os desordeiros, ensinou um tanto de coisas que seus pais adotivos lhe mostraram, para aprender a viver independentemente.

Rapazes tentaram se aproximar dela nas festas beneficentes que eram dadas no orfanato; ela os tratava com simpatia, mas não permitia avanços.

À noite, em sua cama, chorava baixinho de saudades de Dario. Eles se comunicavam em sonhos. Esse era um dom que ela possuía: saía de seu corpo voluntariamente e ia até ele; via-o infeliz, na solidão de seu quarto, com saudades dela; sofria por manter o contato com ele, mas precisava dele, reencontrá-lo de alguma forma. Abria, de novo, o portal de comunicação com o plano espiritual. Sentia o auxílio que vinha dos amigos ciganos para que continuasse sua caminhada e fosse feliz.

Uma vez foi à cidade fazer compras para o orfanato e encontrou Dario e a namorada, Priscila, de mãos dadas, indo em direção ao carro dele. Ele a viu, seus olhares se cruzaram rapidamente. Sentiu que ele não a esquecera nem seria possível, pois Dara sabia: já haviam se amado em outras existências e não puderam ficar juntos pelo preconceito por ela ser cigana.

Ela era cigana havia muitas encarnações. Os ciganos sempre foram perseguidos por serem livres, terem suas próprias leis, e ela amava seu povo, suas raízes, "os filhos do vento". Só deixaria um dia de ser cigana por amor a Dario. Se ela se casasse com Dario, um *gadjé*, ela se tornaria também *gadjé* e seria banida da tribo cigana. Somente por Dario aceitaria isso.

Nunca mencionou esse encontro à irmã Lúcia, mas seu peito doía pela perda de seu grande amor e a perda do filhinho, que aparecia em seus sonhos.

Dario foi ao orfanato tentar falar com Dara algumas vezes depois do ocorrido na fazenda, mas irmã Lúcia não permitiu que ele entrasse para ver Dara. Sabia que ele sempre obedeceria às ordens do pai: estudaria fora, casaria com a moça rica que o pai queria. Se tivesse oportunidade, teria Dara como amante. Ele nem soube de todo o sofrimento pelo qual ela passara enquanto esteve doente, acamada.

Dara não gostava que sentissem pena dela, tinha valores morais, era honesta e não aceitaria ser "outra" na vida de Dario. Ela o amava com exclusividade. Dario amava a cigana e um dia se arrependeria por não ter lutado por esse amor. Dara era uma moça de beleza sem igual, inesquecível.

As crianças a amavam e a respeitavam; ela domesticava os mais desordeiros que ali chegavam. Seu olhar impunha respeito, dominava, mas cativava mesmo é com amor, doçura, alegria. A moça estava sempre cantando, contando histórias, ensinando frases célebres dos ciganos, tinha muito conhecimento a transmitir.

Algumas vezes, com o consentimento da irmã Lúcia, jogou cartas para pessoas da cidade próxima, mas com discrição, não divulgava esse "dom" e só atendia se percebesse que a pessoa precisava mesmo de seu conselho, de sua orientação, para que a vida melhorasse. Sua fama como clarividente, mesmo assim, espalhou-se, chegando até a mãe de Dario, dona Marina.

Há algum tempo que Marina, mãe de Dario, desejava ver de perto a cigana e que roubou o coração, a paz de espírito de seu filho Dario. Ele não era o mesmo desde que rompeu o romance secreto que tinha com a cigana. Como mãe, percebia o quanto essa separação fazia o filho sofrer.

Dario, assim como ela, submetia-se às determinações do pai, comerciante rico, fazendeiro, filho de coronéis orgulhosos, cruéis, autoritários, acostumados a ser obedecidos. Marina sentia amargamente por não ter se casado com Felipe, um rapaz a quem amou, de família simples, funcionário do banco na cidadezinha do interior da Bahia, onde ela nascera. Ela era seu verdadeiro amor. Namoraram às escondidas da família de Marina por dois anos. Assim que foram descobertos, o pai dela, médico ilustre da cidade, "fez arranjos" para que o gerente do banco transferisse o rapaz para bem longe dali, e o humilhou com palavras ofensivas.

Ela, ao saber do ocorrido, rebelou-se contra o pai, a princípio, mas acabou por ceder e se casou com Danilo, comerciante próspero. Ela nunca mais voltou a ver Felipe, que foi trabalhar em lugar distante. Marina lamentou por muitos anos sua submissão ao pai, permitindo que ele a afastasse de Felipe. Não era feliz. Sofria por seu filho Dario, que desistiu do amor de Dara.

Marina ligou para irmã Lúcia, amiga sua de longa data, dos tempos de escola, e pediu a permissão de ler cartas com a cigana. A irmã fez um longo silêncio, e consentiu, sentindo urgência na voz de Marina. Conhecia a bondade, o caráter dela, sabendo que ela não iria ali para ofender, machucar Dara. Havia um motivo, e deveria confiar em sua intuição, que lhe dizia para aceitar. Dara a ensinou a confiar mais na própria intuição. E ela vinha fazendo isso, vendo os resultados positivos. Ela e Dara aprendiam muito uma com a outra, era como se complementassem. E, sem saber bem o porquê, não disse a Dara quem seria a consulente daquela tarde; temia que recusasse.

CAPÍTULO VI

Encontro de Dona Marina e Dara

Quando Marina entrou no orfanato, aonde não ia havia alguns anos, impressionou-se com o asseio do lugar, a alegria das crianças, a harmonia que sentiu ali. Foi conduzida a uma salinha contendo uma mesa pequena redonda e duas cadeiras, uma de frente para a outra. Sentou-se e aguardou.

Dara entrou silenciosamente, vestida com a simplicidade de sempre, os cabelos longos soltos. Olharam-se amistosamente. Dara percebeu de imediato que aquela senhora era mãe de Dario. Os mesmos olhos verdes meigos de Dario, o ar meio assustado, indeciso, lembraram-lhe de imediato o amor que perdera. Dara olhou-a como uma mulher forte, decidida e também como uma garotinha insegura, órfã. As duas se avaliaram.

Marina entendeu a razão do sofrimento do filho. A beleza e a força da moça à sua frente eram incomuns. Os olhos eram tão expressivos, revelavam tantas coisas já vividas, que ela parecia estar vendo um filme, "o filme de sua vida".

"Dara era linda, naturalmente linda", como dizia seu filho, pensava Marina. Se tivesse oportunidade de se vestir ricamente, frequentar a sociedade, seria uma mulher que enlouqueceria qualquer homem. Mas via em seu semblante que ela desconhecia sua própria beleza, era uma moça simples. Sentiu o cheiro suave do perfume de flores do campo exalado pelo corpo de Dara, que impregnava o ambiente em uma energia tranquila.

Sem demonstrar que a reconhecia, Dara pegou suavemente em sua mão e a leu. Detalhou a vida de Marina, do passado até o momento presente, sem citar nomes. Olhou intensamente em seus olhos, uma lágrima rolou pela face da cigana, sem tempo de contê-la. Marina percebeu a dor revelada nessa lágrima e teve vontade de abraçar a moça, pedir perdão, mas se conteve:

"Como sempre, não faço o que tenho vontade", pensou Marina.

Depois, pediu a Dara que lesse as cartas para ela. Queria ficar ao lado da moça, aplacar de alguma forma o remorso que sentia por não ter lutado contra seu pai no passado e contra seu marido, no presente, para que o filho fosse feliz.

Sentia que Dario não era nem seria feliz com Priscila. Esta era refinada, elegante, culta, mas faltava-lhe o fogo interno que Dara possuía: sensualidade, espiritualidade, bondade. Priscila nascera na alta sociedade, absorvendo os valores que lhe foram ensinados. Era superficial, preconceituosa, ligada às aparências... O oposto de Dario, seu filho, que sempre se relacionou com os empregados do pai, sempre se preocupou com os pobres, sempre foi carinhoso.

Dara relatou a Marina o que via nas cartas e suas palavras transportaram Marina ao passado, ao presente e ao futuro.

Alguma coisa prendia Marina à companhia de Dara. Não conseguia encerrar a consulta; o magnetismo que vinha da cigana proporcionava-lhe segurança, não sabia explicar. Foi Dara quem a liberou, segurando-lhe as mãos, olhando-a nos olhos firmemente por alguns minutos, dizendo:

"A senhora não poderia mudar o destino. Cada um é responsável pelas próprias escolhas e nem todos têm a coragem de lutar pelo amor, colocá-lo à frente da carreira, da família. Vá em paz, minha amiga".

Ao ouvir isso, dona Marina não se conteve mais e começou a chorar, abraçou-a e sussurrou em seu ouvido:

"Você me perdoa, Dara?"

Dara olhou-a ternamente e respondeu:

"Eu nunca a culpei de nada".

Ainda emocionada, enxugando as lágrimas, dona Marina lhe perguntou quanto lhe devia:

"Eu desejo lhe fazer um pedido, como pagamento. Posso?"

"Sim, Dara, o que você quiser."

"Quando eu fizer 18 anos irei embora daqui. Por favor, cuide de irmã Lúcia, continue contribuindo com o orfanato, não deixe faltar nada a essas crianças. Quero estar certa de que posso contar com a senhora."

Dona Marina ficou ainda mais surpresa ao saber que a moça à sua frente era tão jovem e já tão sábia e amorosa. Ainda comovida, chorava baixinho, de olhos baixos, sentindo vergonha de encarar a cigana. Respondeu:

"Sim, sim, Dara... Irmã Lúcia e eu somos amigas há muito tempo. Eu mesma me encarregarei de conseguir doações para o orfanato, pais adotivos para as crianças, médicos, conheço muita gente."

Abraçaram-se novamente, e dona Marina saiu da sala, sensibilizada com aquele encontro, sentindo-se diferente, transformada.

Encontrou irmã Lúcia no pátio, à sua espera. Abraçou-a e chorou nos braços da freira como uma criança perdida, e disse-lhe:

"Dara é um anjo, irmã".

A irmã concordou, também emocionada.

Nessa noite, Dara passou algumas horas embaixo das cobertas, chorando... por esse encontro com dona Marina, pela saudade que sentia de Dario, que fazia com que seu peito doesse.

CAPÍTULO VII

O Menino Pedrinho

Pedrinho era um menino negro, magrinho, muito arteiro, que foi abandonado na porta do orfanato aos 3 anos e meio. Tocaram a campainha, deixaram-no à porta, sozinho, desnorteado, sem saber o que lhe acontecia.

Foi Dara quem o recebeu. Amou-o de imediato, encarregou-se do cuidado com o menino que estava com piolhos, sarnas, subnutrido. Ela fez todo um trabalho de cativá-lo, curar suas feridas, eliminar os piolhos e dar-lhe comida na boca para recuperar suas forças. Identificou-se com Pedrinho, pois tinha a idade dele quando foi tirada de seu pai, de seu lar... Não queria que o menino sofresse como ela e se dedicou a ele mais do que aos outros, como se fosse a tábua de salvação dele.

Na verdade, sentia que ele era sua salvação; por ele teve forças para se recuperar da perda de Dario. Jesus lhe aparecia nos momentos febris e ela via a imagem de Pedrinho perto dele, necessitando dela. Quando os amigos ciganos lhe davam água, nos sonhos, Pedrinho estava perto deles, chamando por ela, rezando por ela. Apegaram-se um ao outro como mãe e filho.

Pedrinho crescia. Transformou-se em um verdadeiro moleque. Arteiro, pregava peças nas crianças e nos funcionários, movimentava todo o orfanato com suas travessuras e tinha um amor filial por Dara. Ficava atrás dela o tempo todo, querendo sua atenção, provocando-a. Seria um homem forte, muito alto, tinha um sorriso cativante, dentes brancos, perfeitos.

Em certos momentos, Dara pensava: "Em alguns meses, eu farei 18 anos. Dario já fez 21 anos. Ele se casaria em breve com Priscila, conforme os desejos de seu pai, o coronel Danilo". Não havia mais nada, que a prendesse ao orfanato. Irmã Lúcia teria o apoio de dona Marina, chegava a hora.

Como prometido, dona Marina conseguiu mais doações de mantimentos, remédios, roupas, cobertas. Nem se preocupou em comunicar ao marido; ela tinha renda própria e a usaria para fazer beneficência.

Dona Marina foi convidada por irmã Lúcia para trabalhar como voluntária no orfanato. Ela aceitou, de bom grado, feliz porque sua vida teria sentido. Dessa vez, não esperou pela permissão do marido, que a fitou surpreso com a determinação com que a esposa comunicou que trabalharia voluntariamente no orfanato. Ele nem teve tempo de dizer algo contra.

Irmã Lúcia acreditava cada vez mais nas previsões de Dara e a consultava para a maioria das decisões que tomava no orfanato. "Dara tinha um caráter forte", irmã Lúcia refletia para si mesma, "é uma moça honesta, inteligente, sensível", mas também tinha seus defeitos, e o maior era a teimosia. Em certos momentos, a jovem cigana exigia demais das crianças, era autoritária, dura, a ponto de não lhes dar pausa para descanso durante os trabalhos de limpeza do orfanato e não aceitava que a contestassem.

À noite, como para se redimir dos excessos cometidos durante o dia, Dara cantava e contava histórias às crianças, mas não se desculpava por ter sido dura. A cigana tinha uma maneira muito particular de ser. Via-se que não pertencia àquele lugar, às regras da irmã, da sociedade. Tinha suas próprias regras, suas próprias leis, fundamentadas no que acreditava ser correto, em sua intuição, em seu coração. Enfim, era livre na forma de pensar e de ser. Aceitava os riscos, não procurava cercar-se de segurança como a maioria das pessoas e não planejava sua vida: deixava o lugar em que vivia um tempo, guiada por sua intuição, sem medo.

Dara vinha se comportando de modo diferente, mostrando-se irritadiça, inquieta, insatisfeita por continuar vivendo no orfanato.

A freira sentiu que ela não demoraria a ir embora, e não poderia fazer nada para detê-la; já conhecia a determinação férrea dos olhos da cigana, quando decidia algo. Há alguns dias Dara vinha trabalhando em um ritmo intenso demais para deixar tudo organizado, distribuindo tarefas e responsabilidades para as mocinhas que moravam no orfanato, deixando a todos extenuados e não ouvindo os protestos da irmã.

Depois, à noite, a cigana vinha silenciosamente ao quarto da irmã. Olhava-a, ternamente, enquanto dormia, orava em silêncio pela amiga a quem tanto amava, pedia-lhe a guarnição de Jesus e dos anjos em que ela acreditava e se afastava silenciosamente. Ela não sabia que irmã Lúcia, tão ligada a ela, estava acordada e compartilhava de seu amor. Quando se afastava, a irmã chorava, já com saudade da amiga que partiria.

Dona Marina passou a trabalhar como voluntária no orfanato e dedicava-se de coração a esse trabalho, para alegria de irmã Lúcia, que convivia de novo com sua amiga de juventude e para alegria de Dara, pois sua presença lembrava Dario. Dara gostava da maneira bondosa de ser de dona Marina, que tratava as crianças como uma avó: mimava-lhes com presentes, doces, achava sempre uma desculpa para os erros deles... "Ela vinha no momento certo", pensava Dara.

Dara faria 18 anos. Há quatro anos dedicava-se ao trabalho no orfanato, não desejando pagamento, não querendo nada para si, só para as crianças e para a irmã Lúcia... Nunca havia pedido nem um vestido novo; usava somente as roupas velhas, doadas.

Irmã Lúcia, sentindo que essa data seria um marco importante na vida dela, resolveu preparar-lhe uma festa surpresa, bem bonita, com músicas e danças ciganas; as crianças encenariam uma peça com uma mensagem para Dara. Dona Marina ofereceu-se para pagar a confecção da roupa que a cigana receberia como presente. Sua costureira costurava um belo traje, uma linda saia vermelha de cetim, com rendas brancas, bordadas com lantejoulas, vidrilhos, que brilhariam na noite; uma blusa branca, com rendas nas mangas, que deixariam seus ombros à mostra; grandes brincos dourados com *strass* em vermelho, lembrando ouro com rubi; um lenço de cabeça de cetim dourado, com pedrarias bordadas; um traje magnífico que faria jus à beleza de Dara.

Irmã Lúcia e dona Marina convidaram para a festa de Dara seus amigos da cidade e os colaboradores mais fiéis do orfanato, uma festa linda e discreta, uma surpresa. De manhã, saíram para buscar o bolo e a roupa de Dara, só voltando para a hora do almoço. Enquanto isso, os internos preparariam o salão para a festa. Dara só o veria pronto na hora.

Ao retornar da cidade, irmã Lúcia percebeu um movimento diferente em frente ao orfanato: uma grande carroça cigana, parada próxima à porta de entrada. Sentiu um calafrio na espinha. Entrou hesitante, ouviu risadas altas, foi até o pátio... Lá estava o famoso cigano Ramon, com Dara e sua família, felizes. Reconheceu-os de imediato, pelas descrições que Dara fazia deles.

Ramon era um homem atraente, viril, como Dara descrevera: alto, forte e musculoso, pele morena jambo, cabelos negros lisos, com mechas grisalhas, olhos castanho-esverdeados bem rasgados e cílios espessos, curvados, boca grande com lábios cheios, dentes perfeitos e brancos... um sorriso cativante, sedutor. Assim Ramon saudou a irmã quando ela entrou, fazendo com que ela gostasse dele instantaneamente, sem mesmo entender o porquê. Foi apresentada à sua esposa Helena e a seus dois filhos, que a cumprimentaram calorosamente.

Irmã Lúcia olhou nos olhos de Dara e confirmou seus pressentimentos: a cigana vinha se comunicando telepaticamente com Ramon, o grande discípulo de seu pai Manuel, seu sucessor como líder de tribo. Um *Barô* e *kaku*.

De acordo com que Dara lhe relatou, Manuel ensinou a Ramon o que um líder cigano deveria saber para garantir a sobrevivência e a harmonia da tribo: amar a todos os irmãos, independentemente das diferenças que houvesse entre eles; cuidar de todos, quando adoecessem com a fitoterapia cigana, utilizada há milênios e adaptadas de acordo com a vegetação do local onde residissem; alimentá-los, realizar casamentos, dar-lhes roupas, calçados; trabalhar para o bem comum. Deveria também ser justo, imparcial. Ser um *kaku* e um *Barô*, desenvolver os dons de clarividência e telepatia para socorrer um irmão que estivesse longe e em perigo. O líder e seus auxiliares formariam uma corrente e rezariam para o irmão enfermo e o curariam com energização à distância. Tudo isso fazia parte da magia cigana, magia mantida em segredo, compartilhada entre os *kakus*, os feiticeiros dos clãs.

No momento em que viu Ramon e sua família ali, irmã Lúcia confirmou para si mesma a ligação profunda que existia entre os ciganos. Dara o chamara ali.

Diferentemente de outros ciganos, que não manifestam carinho em público, Ramon era cavaleiro, romântico, carinhoso com Helena. Viviam uma relação de namorados, apesar dos dois filhos e da vida dura que levavam. Ramon relatou à irmã algumas das dificuldades pelas quais passavam como nômades, andando com as carroças em estradas escuras, esburacadas, procurando locais com boa energia para montar acampamentos e garantir a segurança do clã. Mesmo no Brasil, continuavam a ser discriminados, difamados, chamados de ladrões, arruaceiros, drogados, o que nem sempre era verdade.

Ramon foi aluno de Manuel, pai adotivo de Dara. Aprendeu a ser íntegro mesmo nas dificuldades. Vinha ensinando a moral a seus irmãos e praticando-a. Sabia ser bem duro e aplicar a lei mais severamente, quando preciso: a expulsão da tribo. Fazia questão de que sua família desse o exemplo: seus filhos, Manuel e Zaira, eram alfabetizados pela mãe Helena, professora da tribo, cujo desejo era de que um dia cursassem uma faculdade, como poucos ciganos faziam. O carroção de Ramon era seu lar, limpo e asseado.

Irmã Lúcia percebia o respeito e o carinho naquela linda família. Ramon ouvia os conselhos de Helena e a consultava com regularidade, demonstrava o quanto a valorizava. Ela tinha um magnetismo especial, as pessoas sentiam-se atraídas por ela que, apesar de não ser bonita, era muito inteligente e amável com todos, cativava as pessoas. A irmã sentiu que Dara iria embora com eles decidiu aceitar esse fato tornando-se amiga da família de Ramon.

Ramon e Helena comentaram com a freira que não tinham vindo antes em busca de Dara porque ela lhes pediu que aguardassem seu chamado; não poderia deixar a Irmã desamparada. Irmã Lúcia emocionou-se com a lealdade da amiga para com ela.

Ramon comunicou à freira o desejo de Dara de partir com eles dentro de dois dias, levando com eles o garoto Pedrinho, a quem Dara queria como filho. Ramon e Helena teriam sua guarda até que Dara fizesse 21 anos.

Surpresa com esse pedido, irmã Lúcia relutou em responder, mas avaliou o quanto o menino Pedrinho sofreria se vivesse distante de Dara, que se tornara sua mãe, sua protetora. Concordou com pesar; amava o menino.

Sem saber dos preparativos da festa surpresa de seu aniversário, Dara lavou demoradamente seus longos cabelos e as meninas órfãs, como sempre faziam, escovaram-nos, até que as mechas claras brilhassem como ouro. Soube que haviam lhe preparado uma festa de aniversário quando desceu ao pátio e viu o grande salão do orfanato ornamentado com balões coloridos pendurados, as mesas com toalhas coloridas. De repente, as crianças e algumas pessoas presentes apareceram e gritaram: "Surpresa!". Levaram-na ao dormitório, taparam seus olhos e, quando os abriu, não acreditou: viu um traje cigano pendurado, todo bordado com pedrarias, rendado! Era a roupa mais linda que Dara já vira. E, para compor o traje, havia um lindo par de chinelos bordados com pedrarias e sininhos, para que realizasse sua dança. Lembrou-se, nesse momento, que era o dia de seu aniversário. Chorou de emoção.

Abaixou a cabeça, constrangida, sentindo-se momentaneamente feia, rejeitada. Faria 18 anos e se sentia criança, com 3 anos e meio, como no dia em que fugiu para a Espanha. Irmã Lúcia lhe sorriu, transmitindo coragem, ao que ela retribuiu timidamente, com seus belos olhos brilhando de felicidade por esse lindo presente que recebia, seu mais belo traje cigano. Respirou, sentiu a força vindo. A rejeição que sentia há pouco desaparecia. Ela era amada, sim, por todas essas pessoas que lhe prepararam a linda festa.

Vestiu seu bonito traje, sentindo-se uma princesa cigana, irradiando alegria, beleza. Ficou belíssima. Passou o pó preto nos olhos, realçando-os ainda mais, lindos e insinuantes. Perfumou-se com o perfume de flores que preparava.

Estava linda, cheirosa, feminina. Assim, horas depois, apresentou-se a todos os presentes, que se encantaram com aquela visão da formosa jovem, tão amada, em seu 18º aniversário. Dona Marina chegou à festa quando Dara se apresentava, dançando o flamenco, com o belo traje que ela lhe presenteou.

Todos os presentes a observavam, fascinados; os movimentos graciosos de quadris e braços que Dara executava na dança, rodopiando o corpo em ritmo crescente, entrando em transe acompanhada pelo som da castanhola, que lhe transportava ao passado... à sua terra natal, uma manhã ensolarada. Estava em um lindo campo de girassóis, céu azul, borboletas de todas as cores sobrevoando. Ela, menina de 3 anos, pequenina, correndo em direção ao colo de seu pai, o cigano Ígor, que a segurou pelos braços e a girou. Ela gargalhava, feliz. A música aumentava de intensidade, o giro de Dara ficava mais rápido, os braços se movimentavam, harmoniosos, e ela começou a cantar, em um tom crescente, uma linda canção cigana, emocionando a todos que a ouviam. Irmã Lúcia, dona Marina, as crianças e os amigos presentes choraram ao ouvi-la; parecia a voz de um anjo ecoando no firmamento. Um momento sublime, de pureza.

Os movimentos improvisados da dança simplesmente aconteciam: harmônicos, soltos. Ramon batia palmas, cantava, dançava, convidava todos a entrarem na roda com eles. Adultos e crianças dançaram, cantaram e riram muito. Dara estava feliz entre amigos que a amavam.

No dia seguinte, irmã Lúcia levou Pedrinho e Ramon ao cartó-
rio da cidade para transferir a Ramon a guarda pelo menino, até que
este atingisse a maioridade.

À noite, Dara se preparou para a viagem que aconteceria na manhã seguinte. Quando foi dormir, encontrou um envelope, contendo
uma soma em dinheiro e um bilhete, dizendo:

"Por favor, aceite,

com todo o nosso amor.

Te amaremos sempre.

Irmã Lúcia e Marina".

Um presente das queridas amigas, um envelope contendo um
valor em dinheiro que Dara nunca havia visto. Sentiu-se emocionada, agradecida. Foi ao leito de irmã Lúcia e ficou abraçada com
a amiga, em silêncio. Dara acariciou suas costas, seu cabelo curto,
ternamente, perguntando-se se a veria novamente. Falando bem baixinho em seu ouvido, prometeu visitá-la, em espírito.

Nessa noite, Dara sonhou que encerrava um ciclo. A carta do
julgamento lhe aparecia no sonho, revelando que chegara o momento de buscar renovações: o passado deveria ficar definitivamente para
trás.

Na manhã seguinte, segundo o costume entre os ciganos, partiram às 5 horas, silenciosamente, sem se despedir de ninguém,
levando Pedrinho com eles. Viajariam 200 quilômetros até o destino.
Iam felizes, sentindo a emoção de estar na estrada, livres como nasce-
ram, vivendo o momento presente. As viagens eram sempre alegres,
mesmo com dificuldades no caminho. Dirigiram-se a Irecê, Bahia,
em direção ao acampamento de Ramon.

Demoraram oito dias para chegar. O acampamento ficava a 30
quilômetros de Irecê, em um campo lindo, florido, próximo a um
riozinho de águas límpidas, onde se banhavam e se supriam de água
para beber e cozinhar.

Era um acampamento com 15 carroções e alguns *trailers*. Ramon era o líder, o *Barô*. Foram recebidos com festa. Descansaram
um pouco e depois foram ao encontro dos irmãos, festejar a chegada da família. Pedrinho e Dara foram recebidos calorosamente,
como sempre acontecia nos acampamentos. Não tiveram problemas
para se adaptar. Dara era carinhosa, mas severa com Pedrinho. Não
queria deixá-lo livre demais e se sentia responsável pela educação do
menino, mas, como é de costume entre os ciganos, todos participa-
ram de seu entrosamento na tribo e de sua disciplina.

Dara viveu nesse acampamento durante um ano. Seu caráter inquieto não permitia que se acomodasse muito tempo em um só lugar. Deixou Pedrinho aos cuidados de Ramon e continuou a viajar, vivendo em acampamentos em Minas Gerais, São Paulo e Mato Grosso. Voltaria quando tivesse 21 anos.

Mantinha contato constante com irmã Lúcia em sonhos, em pensamento, em cartas que a irmã lhe escrevia de tempos em tempos. Sabia que a freira estava bem, sempre amparada por dona Marina, que se tornou seu braço direito e doava generosas quantias ao orfanato, conseguia pais adotivos às crianças, dava-lhes o amor de uma avó.

CAPÍTULO IX

Dezesseis Anos se Passaram...

Dara não queria se apegar a ninguém e a nada. Era livre para fazer o que quisesse. Não conseguia esquecer Dario nem se interessava pelos rapazes. Pensava que nascera nesta existência para ser sozinha, mas não ficava se lamentando por isso. Trabalhou em todos os acampamentos onde viveu, fez bons amigos, aprendeu mais a respeito das plantas das matas próximas aos locais onde morava, adquiriu conhecimentos reservados aos *kakus*, curou muitas pessoas com ervas medicinais e energização, mas pouco sabia a respeito de si e de sua origem. Bloqueara suas visões com medo de sofrer. Sentia necessidade, de tempos em tempos, de voltar à terra onde nascera, saber quem foi sua mãe e descobrir por que havia sido abandonada. Não se conformava por sua mãe ter deixado um homem especial como seu pai, e ela, Dara, quando bebê... Sentia que havia sofrido ao nascer; absorveu a angústia de sua mãe no momento que a pariu e essa era uma das principais razões de sua insegurança emocional.

Em suas andanças, Dara leu a mão e jogou cartas para centenas de pessoas. Passou a conhecer como poucos as necessidades humanas e as próprias, o sofrimento que toda a gente vivencia, os segredos da alma.

As pessoas tinham confiança na "bela cigana de olhos dourados", como muitos a chamavam, e abriam-lhe o coração, expunham sua vida. Vidas sofridas, homens e mulheres traídas, pessoas que perderam suas posses, que buscavam uma palavra de esperança, para continuarem a caminhar... Dara se identificava com essas pessoas: conhecia-se melhor através delas.

Uma vez, trabalhava como cartomante em um circo ambulante, quando um homem imenso, gordo, braços tatuados, entrou em sua tenda querendo ver a sorte nas cartas. Dara sentiu um desconforto, com a presença desagradável do homenzarrão, que a encarava com desejo e agressividade. Não havia ninguém por perto para auxiliá-la se precisasse e não poderia recusar o cliente. Respirou fundo, acalmando sua respiração e ansiedade, e olhou-o no fundo dos olhos. Usou o segredo do "olhar de fogo", que os ciganos utilizam para dominar uma pessoa. A cor de seus olhos variou entre o amarelo-escuro e o verde, profundo e sério, um olhar que intimidava. Olhou-o fixamente por alguns segundos. O homem abaixou os olhos, desconcertado com a força que vinha da linda moça. Ela permaneceu séria, embaralhando as cartas de tarô e descrevendo, de maneira firme:

"Sua vida vem passando por momentos difíceis, de sofrimentos e perdas; vejo aqui pelas cartas do Diabo, da Torre e da Morte. Elas revelam que o caminho que escolheu, de prazeres, vícios, atos desonestos, trazem a você ruína, lágrimas, desespero, porque é o caminho da ilusão. Os prazeres da vida são passageiros, a pessoa se ilude, ganha-se e perde-se rápido. A carta da Morte diz que é preciso transformar a situação atual, romper com o passado, iniciar um ciclo de reforma interior para encontrar a felicidade que procura. Essa felicidade está na estrada reta, não nesta que tem seguido".

Dara pedia orientação dos guias espirituais, a defesa de Jesus, para sentir amor pela pessoa à sua frente, que se mexia inquieta e com o olhar desconfiado, ouvindo ainda com resistência o que a cigana dizia.

"A carta do Mago mostra que há uma nova chance; depende de o senhor trilhar o caminho certo, começar de novo a caminhar. Por esta carta, vejo que a energia de que necessita lhe será dada, caso queira mudar. O Mago vem pleno de vigor, com ideias novas na cabeça; é o momento de aproveitar a energia positiva e ir em busca de seus ideais, sempre com entusiasmo. Vejo também as cartas da Força e da Lua, revelando que você tem inimigos ocultos que devem ser combatidos com inteligência, não com a força bruta. A inteligência vence.

"Quem são os inimigos ocultos?, perguntou a cigana, olhando-o novamente com domínio. "O senhor pode me dizer o que seu coração lhe mostrar neste momento. Estou aguardando."

E o consulente, chamando Marcos, respondeu, agora mais sereno do que quando entrou:

"Inimigos ocultos são os inimigos que se passam por amigos, que querem nosso mal e dizem que querem o bem, que querem nossa ruína, querem nos deixar doentes, nos destruir, com drogas e armas", disse o homem, surpreso com ele mesmo pelas palavras que fluíam de seus lábios.

Então, Dara olhou-o docemente nos olhos, pondo suas mãos sobre as mãos calejadas do consulente, por alguns segundos, transmitindo-lhe confiança, amizade, e disse, com voz tranquila, chamando-o pelo nome:

"Sim, Marcos, está certo o que está dizendo. Quero que diga mais a respeito do inimigo e do amigo, do bem e do mal, do amor e do ódio, da honestidade e da desonestidade. Fale o que vier à sua cabeça, agora, não pense muito, você sabe mais do que imagina".

Marcos falou durante 50 minutos. Abria seu coração e percebia tanta coisa que havia feito... Contou a Dara que roubava desde os 10 anos de idade, já havia sido preso diversas vezes por assaltos a residências, assaltos a mão armada, tráfico de drogas, mas não havia matado. Estava fugindo de uns caras, um pessoal da pesada que queria que vendesse armas.

Dara ouvia-o, ternamente, como faria com uma criança. Ele começou a ver sua vida desfilando nos olhos da cigana, como que hipnotizado. Começou a chorar como jamais havia feito e não se envergonhava por isso: parecia estar à frente de um anjo que o acolhia, dava-lhe o amor que não experimentara ainda.

Sentia uma luz descendo do céu para seu coração, que se aquecia como se ganhasse vida. Secou as lágrimas teimosas que rolavam por seu rosto com os lenços macios de papel que a mão amiga da cigana lhe estendia; sentia que não estava só, ainda havia salvação para ele. A cigana acreditava nele, via isso em seus olhos dourados.

Para finalizar a consulta, Dara pediu-lhe que abrisse o maço de cartas em leque e tirasse a carta de conselho do tarô: saiu a da Estrela. Dara, com lágrimas de emoção em seus olhos, a mostrou para ele e disse-lhe:

"Esta é a carta da Esperança. Ela mostra que você pode começar de novo, tomar decisões certas, encontrar um amor em sua vida, ser feliz. Você quer ser feliz, Marcos? Quer ser um homem bom?"

"Sim, cigana Dara, quero seguir o caminho do bem."

"Você é um homem bom, Marcos; saberá o que fazer para seguir esse caminho. Encontrará quem lhe estenda a mão, quem o amará e te auxiliará nas dificuldades. Precisa, também, deixar Deus entrar em seu coração, em sua vida."

E Dara ainda disse, profetizando, olhando além da pessoa à sua frente:

"O caminho já está se abrindo a você. Vá confiante".

Concluiu a consulta, sentindo-se exausta pelo esforço utilizado em elevar a frequência vibratória de Marcos, um segredo que seu pai Manuel transmitiu: elevar a frequência vibratória do ambiente com a respiração.

Marcos sentia uma leveza que nunca havia sentido. Parecia ter passado por um portal: do mundo do crime para o mundo bom, das trevas para a luz.

Desse dia em diante, tornou-se um amigo leal e sincero de Dara. Seguia seus conselhos como um aluno dedicado ao mestre. Como ela previra, arrumou emprego, conheceu uma moça honesta, simples, com quem se casou.

Dara continuava sozinha, apesar de conhecer tanta gente. Para os ciganos, já havia passado da idade de casar, estava com 35 anos. À sua maneira, era feliz: vivia rodeada de crianças, amava-as e era amada por elas; contava-lhes lindas histórias, ensinava-lhes a dançar e a cantar músicas. Amava também os idosos e os doentes: cuidava deles e não tinha tempo para parar e se lamentar da vida.

À noite, na cama, chorava de saudades de Dario, de irmã Lúcia, de seus pais, mas, durante o sono, vinha-lhe força para prosseguir sua vida. Os amigos espirituais a erguiam, curavam seu coração triste.

Assim, Dara viajou pelo Brasil, vivendo com o mínimo para comer e se vestir. Não queria nada além do essencial. Pensava que a riqueza material trazia apego e dor às pessoas. Mesmo assim, algumas pessoas insistiam em lhe pagar pela consulta e, às vezes, deixavam-lhe altas somas. Dara tirava o necessário para si mesma e repartia o restante com os irmãos ciganos.

De espírito nômade, mudava-se de tempos em tempos. Aprofundava ainda mais seus conhecimentos a respeito das plantas medicinais das regiões por onde transitava. Utilizava-as para curar quem a procurasse, ciganos e *gadjés*, indiscriminadamente. Era uma curandeira e cartomante sensitiva conhecida, amada por sua pureza de alma e sua generosidade

Estava com 35 anos, mais bela ainda que antes, mais sábia, mais sensual e indiferente à atração que exercia sobre os homens.

Dara trabalhou, pela primeira vez em sua vida, fora dos acampamentos, em um vilarejo pobre, como acompanhante de uma senhora idosa, com quem morou durante alguns meses. Ela faleceu, deixando-lhe a casa como herança, uma vez que não tinha família a quem deixar. Dara a serviu carinhosamente até seu falecimento. A casa estava em precárias condições, mas servia para ela, que não ligava para luxo e conforto. Atendia os clientes que a procuravam na casa, numa salinha simples, imaculadamente limpa, com poucos móveis.

Dara orientou, aconselhou, transformou a vida de centenas de pessoas. Marcos ia visitá-la sempre, acompanhado por sua esposa Elsa. Dara previu diversas situações que se confirmaram e sua fama de cigana honesta, clarividente, espalhou-se. Pessoas vinham de longe para se consultar com ela. Também realizou curas com suas rezas, sua magia e suas ervas medicinais. Ultimamente alimentava um desejo: voltar à sua terra natal. Infelizmente, não havia aprendido na escola outras coisas além de escrever o básico e fazer contas, o essencial para sobreviver, nem tinha noção de localização geográfica, não sabia o nome de seu país natal. Irmã Lúcia, que era culta, estudada, estava longe; ela poderia auxiliá-la, certamente.

Naquela noite, falou com seu Mestre e Amigo Jesus, da maneira simples que conhecia, pedindo-lhe força para encontrar seu país, sua mãe, pois ela tinha a sensação de que a mãe ainda vivia, esperava encontrá-la, amá-la e ser amada por ela. Dara era muito carente do amor materno, apesar de tê-lo recebido de Maria, de irmã Lúcia, de suas amigas mais velhas, mas não se comparava ao amor que sentia, no coração por sua mãe verdadeira. Na fase adulta, começou a sentir uma ligação espiritual com ela, uma necessidade de resgatar um período obscuro e essencial de sua vida, ligado à sua origem.

Concentrou o pensamento em irmã Lúcia, viu-a deitada em sua cama, no orfanato, pensando nela. Entraram em comunicação. A freira, onde estava, sentiu a amiga carente, triste, precisando dela. Dara continuou a concentração, pedindo-lhe auxílio; dirigiu-lhe algumas palavras de afeto, respirou profundamente algumas vezes, até que adormeceu, tranquila.

Uns dias depois, voltando para casa, avistou uma carta embaixo da porta, endereçada a ela: irmã Lúcia a acudia, mais uma vez. Há muito tempo, a irmã vinha procurando padre Anselmo, historiador, estudioso de línguas, para que desvendasse as palavras estrangeiras pronunciadas por Dara, no período em que esteve febril, no orfanato; palavras essas que ela anotou para uma posterior pesquisa. Padre Anselmo, por sua vez, pesquisou o que a irmã lhe solicitara e enviou-lhe, como resposta:

"A língua cigana, o romanês, é da família indo-europeia. Pelo vocabulário e pela gramática, está ligada ao sânscrito. Faz parte do grupo de línguas neoindianas, é estreitamente aparentada a línguas vivas, tais como o hindi, o goujrathi, o marathe, o cachemiri. No entanto, eles assimilariam muitos vocábulos das línguas dos países por onde passaram e é uma linguagem própria e exclusiva. É uma língua ágrafa, não possui uma escrita e é passada oralmente de uma geração para a outra".

"O povo cigano se espalhou por todas as regiões do planeta, por longo período de existência; muitos grupos se extinguiram naturalmente ou por força de guerras e lutas nos países onde estiveram acampados. Contudo, novos grupos surgiram e estão entre os mais importantes, como: os Kalon, que são da Espanha e Portugal; Moldovano, originado na Rússia; Hoharanó, da Turquia; Kalderash e Matchuiya, da Romênia e antiga Iugoslávia.

Como são denominados:

Atsincani – Grécia/ Tchinganie, Tchinghiani – Turquia
Tzigani – Bulgária / Zigani – Romênia
Ciganiok, Czygany – Hungria / Zingari – Itália
Cigano – Portugal/Brasil / Cigan – Bulgária
Ciganin – Sérvia / Cygan – Polônia
Cykan – Rússia / Czygany – Hungria
Cigano – Lituânia / Zigeuner – Alemanha e Holanda"

Enquanto lia, Dara se reportou a cenas já vividas, em encarnações anteriores, como cigana, fazendo longas viagens nos carroções, por diferentes lugares, frios e montanhosos, junto com seus irmãos, sendo expulsos das cidades em que montavam acampamentos, acusados injustamente de ladrões, de sujos. Dara se via em diferentes rostos, nas memórias longínquas de muitos anos atrás até a encarnação atual. Recordou a sofrida viagem de navio com 3 anos e meio de idade, até o momento presente. Voltou a si, e leu:

"Dara, o padre Anselmo gostaria de conhecê-la pessoalmente e e também o cigano Ramon, amigo de seu pai Manuel; ele pode saber mais detalhes a respeito de sua chegada à Espanha, quando fugiram do seu país. Em alguns dias podemos te encontrar no acampamento de Ramon, caso você concorde em nos receber. Quero te abraçar mais uma vez, minha amada amiga cigana.

Amorosamente,

Irmã Lúcia

P.S.: Aguardo seu telefonema assim que receber esta carta."

Feliz como uma criança, Dara correu ao telefone público, emocionada, e ligou para irmã Lúcia confirmando o encontro. Não cabia em si de contente por ver a amiga, depois de 17 anos. Ao se deitar, pediu ao cigano Ígor que lhe guiasse ao seu país. A carta do Carro apareceu em seu sonho, significando que estava no rumo certo, chegaria aos seus objetivos.

Pensou em Ramon, recordando que ele possuía uma excelente memória, conhecia histórias dos irmãos ciganos desde que morava na Espanha. Ramon estava lá quando Dara chegou com a senhora que a salvou, e Dara nunca lhe perguntou nada a respeito de sua vida. Ela precisava ir ao acampamento de Ramon, 80 quilômetros de distância de Vila Alegre. Encontraria irmã Lúcia, o padre Anselmo e seus amigos Ramon e Helena. Nesse momento, estava sem dinheiro para viajar até lá. Pensava em vender a casa onde morava, mas não tinha habilidades para venda, precisaria do auxílio de alguém experiente. Só lhe restava entregar a solução a Jesus e aos guias do astral. Foi o que ela fez.

Poucas horas depois, Marcos e sua esposa bateram palmas na casa de Dara, vieram visitá-la. Ficou surpresa quando Marcos, sabendo da necessidade de Dara em fazer essa viagem, prontificou-se a comprar a casa dela, por menos do que valia, mas por um valor bem maior que ela imaginou conseguir. Ela concordou com a venda alegremente.

"O primeiro sinal apareceu", pensava Dara. O próximo passo é saber aonde ir."

Ficou acertado que Marcos lhe pagaria à vista, em três dias. Além de comprar sua casa, ele e Elsa a levariam de carro ao acampamento de Ramon. Nesse tempo, Dara se prepararia para a viagem.

Deixaria a casa como estava; só levaria as poucas roupas que possuía e seus preparados de ervas. Dara não cabia em si, feliz por ter amigos como Marcos e Elza; sentia-se abençoada. No dia seguinte, dona Maria Rosa foi à sua casa, para que jogasse as cartas. A senhora lhe pagou a consulta com uma quantia muito maior que Dara imaginaria receber. Estava no caminho certo, como mostrou a carta do Carro.

CAPÍTULO X

O Acampamento de Ramon e Helena

Ramon aguardava a chegada de Dara. Houve um tempo em que se apaixonou por ela, mas ela nem soube de seu amor: Helena não permitiria a bigamia nem Dara nutria por ele amor de mulher por um homem.

Dara o amava de modo fraternal. No coração dela só havia espaço para o amor impossível com Dario. Ramon a admirava por sua fidelidade a esse sentimento. Na verdade, começou a amá-la quando ela tinha 12 anos, idade em que algumas ciganas se casam, mas nunca teve coragem de demonstrar-lhe seu amor, já estava casado com Helena, que era ciumenta, possessiva e também porque Dara só vivia para os pais, Manuel e Maria, não tinha olhos para os homens. E Ramon, tão sedutor e confiante, sentia-se tímido, uma criança, perto de Dara.

"Se eu fosse Dario, nunca abandonaria uma mulher tão linda e especial como Dara", pensava. "O cara é um completa idiota", dizia a si mesmo.

Helena era uma mulher forte, sábia, uma boa companheira para todos os momentos: isso segurava Ramon ao seu lado. Era respeitada e amada por todos: continuava a ser a professora das crianças, era quem orientava as mulheres ciganas quanto a cuidados básicos de higiene e quaisquer dúvidas que tivessem. Helena se comportava como a mulher de um líder e colocava limites nele e nas mulheres que vinham às festas ciganas, para conhecer o charmoso Ramon.

Helena sempre percebeu o interesse de Ramon por Dara, contudo confiava nela. Não confiava no marido, apesar de amá-lo, mas em Dara confiava de olhos fechados. E Dara sempre fez jus a essa confiança, jamais se insinuando a Ramon. Por isso, Helena também aguardava com alegria a chegada da amiga e de irmã Lúcia, no acampamento. Pela primeira vez, a freira pisaria em um acampamento cigano, e ainda acompanhada por um padre professor, intelectual.

Helena deixava tudo limpo, em ordem, para causar uma boa impressão aos visitantes. Os ciganos que acompanhavam Ramon eram higiênicos, corretos, sabiam se portar em sociedade, não mendigavam, como acontecia em algumas tribos. Eram bem dirigidos por Ramon e por Helena, que tinha voz ativa em todas as decisões tomadas, o que raramente acontecia entre os ciganos; consideravam a mulher um ser passivo, que só participa ativamente da educação dos filhos e do cuidado com a família.

Helena soube se impor naquela sociedade tradicionalmente machista, com sabedoria. Quando Ramon percebeu, a mulher estava no mesmo grau de igualdade que ele. Todos a respeitavam e consultavam na tomada de decisões.

Assim como Manuel, Ramon sempre foi mais aberto, absorveu muito da cultura europeia no acampamento em que cresceu, em Andaluzia, onde se relacionou com ciganos de diferentes países; conviveu com intelectuais *gadjés*, músicos, também se desenvolveu intelectualmente com Helena, absorvendo os costumes dela.

Por outro lado, Helena aderiu à cultura do povo cigano e ao lema: "O céu é meu teto, a terra é minha pátria e a liberdade é minha religião". Tornou-se nômade de espírito, não se apegava. Sentia-se cigana de coração, mas deu a oportunidade a seus filhos de estudarem e escolher se queriam viver com os pais, como nômades, ou não. O filho Manuel cursava faculdade de direito, vivia na capital, Salvador. Manuel casou-se jovem, divorciou-se após poucos anos e auxiliava os ciganos na luta por igualdade de direitos. Zaira se casou com um suíço que conheceu em uma festa promovida por Helena, em um acampamento onde viveram. Ela passava alguns meses do ano na Suíça e alguns no Brasil, com os pais. Zaira era dançarina e professora de flamenco; tinha uma filha de 2 anos de idade, chamada Cecille, e seu marido não era cigano. O filho Manuel tinha alma de nômade, mas vivia na cidade. Não se conformava com as dificuldades pelas quais os ciganos passavam: falta de assistência médica e odontológica, o preconceito injusto e as perseguições que sofriam; o desamparo das autoridades. Era sério e bondoso, como Helena.

Helena tinha uma importância fundamental na vida de todos, porque conseguia levar ao acampamento assistência médica, doações de alimentos, vagas em escolas para as crianças cujos pais permitiam que estudassem, roupas e utensílios domésticos. Conseguia fazer com que todos no acampamento participassem do trabalho em comum: da venda dos utensílios nas feiras das cidades, do cuidado com a horta comunitária; com a manutenção das tendas e dos carroções, da confecção de panelas e outros objetos artesanais. Sem se fazer notar, ela controlava a tudo e a todos.

Deixava Ramon livre para exercer a liderança com segurança. Acatava as determinações do marido; jamais desacatou Ramon nem quando estavam sozinhos ou em público. Confiava em suas decisões, e ele a admirava profundamente, reconhecendo nela uma sábia companheira, que o fazia crescer.

Ramon ficou órfão muito cedo, sendo criado pelos adultos no acampamento em que vivia. Até os 20 anos, era famoso por suas conquistas. Sempre foi alegre, simpático, sorridente, e ela o amava por ser assim: ainda era louca por ele, como na noite em que o conheceu.

"Ele cantava e dançava o flamenco, em uma festa cigana da Lua Cheia. Sorriu sedutoramente para mim e conquistou-me instantaneamente", lembrou Helena, sorrindo.

Exerceu um estranho fascínio sobre ela, porque Ramon possuía um espírito essencialmente nômade e livre dos condicionamentos das pessoas normais, com quem ela convivia. Ramon era um cigano, livre como um pássaro, um charmoso cigano espanhol. Prometeu a si mesma que esse lindo homem seria seu e a amaria. Isso realmente aconteceu.

Os ciganos são artistas, ferreiros, dançarinos e criadores de muitas artes, e a principal delas é a de viver e cuidar de sua família.

Sua vida é relativamente muito simples, fabricando tachos, consertando panelas, vendendo cavalos (hoje vendem carros), fazendo artesanato de diversos materiais, especialmente o cobre.

Helena vinha de uma família de classe média, de vida planejada, em que se espera dos filhos homens que tenham uma carreira e das filhas, que se casem bem. No seu caso, para viver com Ramon, teve de romper com a família, que não aceitava a condição de cigano dele, mas nunca se arrependeu, porque a vida com ele era uma eterna aventura. Ela era feliz vivendo como nômade, com pouco dinheiro, mas com bons amigos e uma família maravilhosa. Tinha seu belo marido, cobiçado por diversas mulheres.

À sua maneira, Ramon era fiel: estavam casados há 26 anos, ele nunca a abandonara, já havia tido aventuras com outras mulheres e ela sabia, mas demonstrava não ter conhecimento.

Seu marido era sensual, fogoso e, tendo absorvido, em parte, a cultura machista vigente entre os ciganos, achava-se no direito de ter, de tempos em tempos, aventuras amorosas.

"Como uma necessidade de autoafirmação. Ele sempre volta para mim, eu sou a fixa, a mulher para toda a vida", dizia a si mesma.

Ramon necessitava dela como o ar que respirava; sabia que Helena estava a par de seus romances passados, mas ela não aceitaria mais isso.

Helena e suas auxiliares preparariam uma grande festa em homenagem à lua cheia para receber os ilustres convidados. Nessa festa, dançariam, cantariam e comeriam até a comida terminar. Essas festas ciganas costumavam durar três noites. Arregaçou as mangas para fazer o evento acontecer: convidariam ciganos e a população da cidade, cobrando uma entrada. Venderiam lanches, doces ciganos e refrigerantes. As cartomantes leriam as mãos e cartas. Todos dançariam ao som dos violinos, das castanholas e dos tambores. Fariam um ritual em homenagem a Santa Sara, a santa dos ciganos, e depois comeriam frutas.

Essas festas eram promovidas pelo menos quatro vezes por ano, em noites de lua cheia, para arrecadação de dinheiro, o que lhes proporcionaria uma vida com melhor qualidade. As festas de Helena eram famosas em toda a região. As pessoas que vinham, ciganos e não ciganos, eram recebidas de maneira acolhedora, atraídas pela boa qualidade dos comes e bebes, pela música e pela dança que envolviam a todos.

A dança cigana é alegre e contagiante, muito viva, acompanhada pela música de seus instrumentos, assim como pelo bater de palmas e castanholas e as batidas secas do pé no chão, para espantar a negatividade. Os ciganos colocam a alma, o sentimento na dança. Não possui uma regra nem uma coreografia determinada. As ciganas usam, nessas festas, suas melhores roupas e suas joias; executam os movimentos da dança com beleza e graça. Assemelhando-se muito às danças árabe e hindu, usando bastante as mãos e os braços, e balançando-se da cintura para cima. Sorriem com os olhos e com os lábios.

Em um determinado momento da festa, todas as pessoas são convidadas a dançar: homens, mulheres, crianças, velhos, ciganos e não ciganos, e os convidados voltam à noite seguinte, para continuar a festa até quando houver comida, bebida e disposição.

Marcos, junto com sua esposa Elza, levaria Dara de carro até o acampamento do cigano Ramon.

"Era o mínimo que podiam fazer por Dara", Marcos dizia à esposa. "Eu me transformei graças aos conselhos dela e agora ela precisa de nós."

Aproveitariam para conhecer Ramon e os irmãos ciganos. Dara se sentiu confortada e agradecida pela atitude paternal de Marcos com ela.

"Um amigo que vale ouro", pensava. "Tão grande, tão forte e tão sensível."

Marcos se casou com Elza, uma moça magrinha, pequena, de aparência frágil, que contrastava com o homenzarrão que ele era. Ela revelou um temperamento forte, decidido: queria que ele fosse bem-sucedido, crescesse financeiramente. Tanto insistiu que ele voltou a estudar e aos poucos progredia no trabalho. Marcos a venerava pela força que ela lhe dava.

"Mas foi Dara", repetia ele a si mesmo, "quem me deu o primeiro empurrão para minha transformação. Dara foi meu anjo materializado em uma linda e pura mulher".

Elza chegou a sentir ciúmes da amizade de Marcos com Dara, no início de seu namoro com ele, mas, depois de conhecê-la melhor, passou a pensar como Marcos: amava a cigana pela pureza que emanava de seu ser. Nunca ouviu Dara pronunciar uma palavra ofensiva contra alguém nem mesmo nos momentos em que Elza presenciou olhares de desprezo em direção a ela, por ser cigana. Dara percebia esses olhares e críticas, que lhe eram dirigidos por ser cigana e vestir--se como tal. A cigana nada dizia, mas seus belos olhos dourados se entristeciam. Elza a amava mais por sua atitude pacífica.

Por amor a Dara, Elza concordou com Marcos que comprassem a casa dela; também desejava que a amiga cigana encontrasse sua terra natal. Não poderiam pagar muito pela casa porque ela precisava de uma boa reforma, estava em condições precárias. Dara despediu-se da casinha modesta em que viveu durante alguns meses, somente levando com ela algumas roupas, suas cartas de tarô e suas ervas. Sentia-se feliz por partir. Sua vida era feita de idas e vindas constantes; era uma cigana nômade, não se apegava a lugares.

Irmã Lúcia e padre Anselmo estavam a caminho do acampamento de Ramon. Eles eram amigos de infância. Tanto a irmã quanto o padre escolheram o caminho religioso por vocação, não por fuga.

Eram pessoas cultas, de mente aberta, procuraram sempre fazer o melhor para a comunidade e para as crianças.

Padre Anselmo era professor de História, aposentado, uma pessoa ávida por conhecimento. Interessava-se pela história de Dara e pelos ciganos. Sentia-se um ciganólogo frustrado, pois sempre teve vontade de estudar esse povo perseguido, sofrido, ainda "invisível" para a sociedade.

Há algum tempo o padre queria conhecer Dara, mas por causa de suas constantes mudanças de endereço, não havia sido possível até aquele momento. Padre Anselmo achava fascinante a história dos ciganos e suas lendas, imaginava que Dara deveria ser uma pessoa especial, pelo que ouvira.

A viagem foi cansativa em razão das más condições das estradas da região, esburacadas, perigosas, mas conseguiram chegar. Exaustos!

Avistaram o acampamento pelos carroções dispostos em círculo em uma grande área, uns *trailers* estacionados, tendas e barracas no meio do terreno, coloridas, alegres. De longe, assemelhava-se a um circo. Desceram do carro e aproximaram-se da entra, cautelosos. Helena e um bando de crianças estavam à esperada deles e vieram recepcioná-los, educadas, gentis, abraçando-os afetuosamente. As crianças gritavam de alegria, encantadas por conhecerem um padre e uma freira. Eles não esperavam uma acolhida tão alegre e calorosa; sentiram-se em casa.

Em seguida, Helena levou-os até Dara, que havia chegado no dia anterior e atendia os enfermos em uma tenda que servia de ambulatório médico. A cigana ministrava um remédio feito com ervas para uma idosa. Falava docemente com a senhora, tranquilizando-a, energizando-a com a imposição das mãos. O semblante da mulher serenava.

Irmã Lúcia e padre Anselmo observaram, encantados, a bela cigana que cuidava com tanto amor da senhora! Nesse momento, Dara sentiu a presença deles e virou-se para eles. Seus olhos brilharam de alegria ao avistar a amiga freira e o padre Anselmo. Sorrindo, correu para abraçá-los. Ficou um tempo agarrada à irmã Lúcia, emocionada, chorando de alegria; depois, Dara abraçou padre Anselmo carinhosamente, como se o conhecesse. Cativou o coração do padre instantaneamente, que sentiu a bondade nela.

"Dara é mesmo linda", pensou o padre. "Possui traços ciganos mesclados ao europeu. Pelas sardas em sua pele, o cabelo avermelhado, os olhos de tom dourado... a mãe deveria ser ruiva de olhos azuis;

o pai, de cor amarronzada e olhos negros, como geralmente são os ciganos."

As palavras que Dara um dia pronunciou, quando febril, o padre comentou com irmã Lúcia, eram do idioma falado pelos ciganos, o romanê ou romanês, uma linguagem própria dos ciganos, uma língua ágrafa, não possuía uma escrita, e era passada oralmente de uma geração para a outra. Tentaria saber, com Ramon, de qual país Dara veio foragida com a senhora cigana.

Foram apresentados a Ramon, Marcos e Elza, amigos de Dara, e, pouco a pouco, às 60 pessoas, entre adultos e crianças, que habitavam ali. Todos amáveis. Eles se sentiram à vontade entre os ciganos.

"Helena é uma amável anfitriã", comentou o padre à irmã Lúcia.

Surpreenderam-se também com a limpeza da área do acampamento, assim como o estado saudável, higiênico, em que as crianças se encontravam. Souberam depois que essa organização era resultado do trabalho de orientação que Helena vinha fazendo com os irmãos ciganos.

Ramon dispersou as crianças que os seguiam, curiosos. Levou os recém-chegados à tenda comunitária, onde estavam instalados a cozinha e o refeitório. As refeições eram sempre coletivas e animadas. Padre Anselmo expôs a Ramon o objetivo da vinda dele ali: conviver com os ciganos e vislumbrar mais elementos da infância de Dara antes de ela chegar à Espanha, com o objetivo de auxiliá-la em sua busca pela mãe, por seu país. Ramon disse que tentaria cooperar com a pesquisa do padre. Recomendou-lhes que descansassem da viagem. No dia seguinte começariam as festas da Lua Cheia, e eles deveriam estar repousados para participarem dela.

Levou-os aos banheiros coletivos que construíram graças ao empenho de Helena, que conseguiu na prefeitura os recursos para a construção, feitos de alvenaria. Havia banheiros masculinos e femininos, com duchas frias e quentes, vasos sanitários com divisórias. Eram limpos, como a cozinha e todo o acampamento. Um conforto raro de se ver em acampamentos como esses. As crianças tomavam banho até às 17 horas e os adultos depois desse horário. A água vinha do rio que passava perto da área.

As crianças, após o banho, jantavam no refeitório e, depois de comerem, ouviam histórias contadas pela irmã que se escalasse. A jovem cigana Estelita era a contadora preferida das crianças. Contava as mais belas histórias, com sentimento em sua voz. Fazia com que os pequenos entrassem na narração.

Estelita tinha 15 anos. Era de estatura baixa, tinha cabelos castanho-
-escuros, espessos e lisos, olhos negros como jabuticabas, pele morena
jambo, magra, olhar maroto, um lindo rosto. Sua voz era rouca e doce.
Os adultos e as crianças adoravam ouvi-la. Ela tinha um jeito teatral de
contar as histórias: gesticulava, movimentava-se, prendia a atenção de
todos. Ficavam em silêncio, enquanto ouviam – uma regra que o grupo estabeleceu. Em geral, eram histórias do povo cigano. A plateia ria,
se emocionava, fazia muitas perguntas. Mencionavam os personagens
"heroicos" nessas histórias, como a cigana Esmeralda, exímia dançarina,
bela e sensual. O espírito de Esmeralda era "incorporado" pelas dan-
çarinas de flamenco; o cigano Ígor, pai de Dara, que ficou conhecido
como defensor dos clãs; diversos ciganos do mundo, artistas plásticos,
cantores, dançarinos, políticos, escritores eram incluídos nas histórias de
Estelita, que possuía um talento especial para improvisá-las.

Nessa noite, padre Anselmo, irmã Lúcia, Marcos e Elza se uniram aos
ciganos para ouvir as histórias. Admiraram-se com o talento de Estelita
para contar essas histórias. A jovem ciganinha parecia uma boneca indí-
gena, pequena, magrinha, encantadora. Seu olhar era forte, determinado.

Em dado momento, Estelita interrompeu seus relatos para olhar
apaixonadamente para um belo cigano que chegava e a ouvia, todo ri-
sonho. Sem pedir permissão, ele subiu no palanque e entrou na história
de Estelita, complementando com detalhes engraçados sua narrativa.

Era Miguelito, o cigano viajante, que tinha muitas histórias a
contar. Ele havia circulado por diversos países do mundo onde havia
ciganos e transmitia as histórias dos célebres personagens, com humor.

Estelita adorou ouvi-lo e aprender com ele; não se sentiu ofendi-
da por interrompê-la daquela maneira, sem pedir licença. Miguelito
era seu ídolo e estava apaixonada por ele desde muito nova. Os dois
juntos contaram divertidas histórias, arrancando gargalhadas da
plateia. Não havia televisão no acampamento, as crianças ouviam
histórias e brincavam muito.

Nesse lugar, a maioria das crianças frequentava escola, outro
benefício conseguido por Helena, pois elas são segregadas nas escolas. Os próprios pais não permitem que frequentem as instituições
de ensino mais do que o tempo necessário para a alfabetização. Era
árdua a luta que Helena travava com as autoridades nos locais onde
se estabeleciam e também dentro dos acampamentos, no sentido de
mudar a mentalidade das pessoas.

CAPÍTULO XI

Enquanto Isso, Dario

Dario foi passar uns dias na casa dos pais; ia visitá-los sempre que tinha uma oportunidade. Tornou-se um empresário de sucesso, em uma multinacional, presidida pelo sogro, como esperado. Não frustrou as expectativas que seu pai tinha em relação à sua carreira. Sempre foi um filho obediente e exemplar, um bom pai para as duas filhas que teve com Priscila; mas não era feliz. Seu casamento estava desgastado, não suportava o modo superficial de ela ser. Quase não saíam mais juntos; não discutiam, ficavam em um silêncio glacial.

As idas à casa da mãe, Marina, eram sua válvula de escape. No ambiente materno se sentia acolhido, feliz, em uma cidadezinha simples, com pessoas amigas. E, desde que sua mãe assumira o trabalho no orfanato, onde era o braço direito de irmã Lúcia e vice-diretora do estabelecimento, aproximaram-se ainda mais. Confiava na mãe, sentia-se compreendido por ela.

Dona Marina compartilhava com o filho a labuta do dia a dia no orfanato, as dificuldades e as conquistas dela e da irmã. Dario observava o quanto a mãe estava bela e realizada, o quanto crescera como ser humano nesse trabalho que exercia com tanto amor. As crianças amavam-na e ela as amava... Admirava sua mãe, que encontrara um sentido para a própria vida, antes superficial e mesquinha, como a própria vida dele atual.

Dario se considerava um covarde por não ter tido coragem de enfrentar o pai, a sociedade em que vivia, para viver ao lado de Dara, a quem sempre amou. Nunca esqueceu o olhar de tristeza que ela lhe dirigiu no momento em que seu pai a humilhou e que ele nem teve a hombridade de defendê-la.

"Dara tinha razão", ele reconhecia. "Nos amamos já de outras vidas. Voltamos até com nomes parecidos. Por isso lembro dela todos os dias."

Tentava se afogar no trabalho para esquecer o amor perdido. Conservava um relacionamento para manter uma imagem junto aos filhos, ao sogro, à empresa. "Sempre submisso à imagem", dizia, desprezando a si mesmo. Sonhava com Dara: nos sonhos, via a amada viajando, mudando...

Por sua vez, Marina observava o filho e se entristecia com o vazio que via em seu olhar. Não restava nada do jovem vibrante e vigoroso de antes.

Ela prometeu à irmã Lúcia nunca revelar ao filho o sofrimento que Dara vivera desde que se afastaram. Ela soube o drama que a cigana passara, sem querer, por uma mocinha do orfanato, que com ela conviveu nos anos em que ela esteve lá e lhe contou que Dara adoeceu de tristeza ao perder Dario.

Marina sofreu, ao saber dos detalhes, e prometeu a si mesma lutar por um mundo melhor, livre de preconceitos. Passou a dedicar tempo integral ao orfanato, tentando eximir-se de suas culpas. Sentia-se em parte responsável pelo sofrimento do filho e de Dara, mas não revelava o que sabia a Dario, temendo a represália do marido. Não amava o marido, mas não desafiava sua autoridade. Era casada com um homem calculista e cruel, que eliminava quem se opusesse a ele. Rezava para que pelo menos o filho fosse feliz; aconselhava-o a persistir no casamento com Priscila e esperava que sua nora também se esforçasse, mas percebia que o amor deles esfriava a cada dia.

Seu marido, Danilo, aceitava que ela trabalhasse em tempo integral no orfanato, por conveniência: assim ela o deixava em paz para poder frequentar suas amantes sem alguém para controlá-lo. Marina voltava para casa à noite, exausta. Conversavam somente o trivial e, após jantar, ela ia dormir. Ele saía para se encontrar com suas mulheres e voltava tarde da noite.

Um dia, Marina reuniu coragem e comunicou: "Nosso casamento terminou e continuamos a morar na mesma casa para manter as aparências".

Não suportando mais ver Dario nessa apatia, Marina perguntou: "Dario, você ainda ama a Dara, não é, meu filho?"

A dor que viu nos olhos de Dario, a encorajou a prosseguir:

"Sei que a ama, eu também a amo, é impossível não amar um anjo como aquele. Pelo que sei, meu filho, ela sempre te amou e não se casou porque não amou mais ninguém, só você. Quando se afastaram, ela adoeceu, quase morreu de tristeza. Enquanto estava doente, sofreu um aborto, filho, um filho seu que ela esperava e não sabia. Fez irmã Lúcia jurar que você nunca saberia dessa história, porque ela não queria que sentisse pena dela nem queria ser sua amante. Desde esse dia, permaneceu sozinha. Eu não posso mais me calar, meu filho, vejo o quanto é infeliz".

Dario chorava, enquanto escutava sua mãe. Sentia-se perdido, não acreditando no mal que fez com sua vida e com a vida da mulher amada. Ele pressentia todos esses anos, que ela ainda o amava e agora tinha certeza. Não quis enxergar a verdade, pois não tinha coragem de lutar por ela.

"Deus, como Dara se sentiu abandonada, rejeitada pela mãe e por ele que não a defendeu desses preconceitos absurdos do qual foi vítima", pensava Dario.

Abraçaram-se ternamente e choraram juntos, aliviando o coração ferido. Dario desabafou com a mãe: falou dos lindos momentos ao lado de Dara. Marina falou também de seu convívio com a cigana no orfanato, as mudanças que Dara trouxe para sua vida. Deu a Dario o endereço do acampamento de Ramon, onde estavam irmã Lúcia, Dara e outros amigos. A Festa da Lua Cheia começaria dali a duas noites – não havia tempo a perder.

No silêncio da noite, Dario refletiu sobre a decisão a tomar. Pensou em Dara com tanta força que adormeceu com a imagem dela em sua mente.

O Cigano Miguelito

Dias antes de Dara chegar ao acampamento de Ramon, Miguelito, um cigano espanhol, beirando os 45 anos, chegou ali em visita ao seu amigo Ramon, que não via há anos, por quem tinha forte estima e admiração. Miguelito possuía propriedades e riqueza, mas seu espírito nômade era mais forte: viajava constantemente, não ficava em sua casa por longos períodos, apreciava·dormir em tendas, estar próximo aos irmãos ciganos.

Ótimo vendedor de carros, era favorável ao progresso. Tinha boa lábia para vendas, convencia o mais incrédulo e desinteressado. Um "Don Juan" com as mulheres, fazia enorme sucesso com o sexo oposto.

Miguelito tinha 1,73 metro, 65 quilos, olhos e cabelos lisos negros: um cigano comum, à primeira vista, mas que se diferenciava dos outros por seu lindo sorriso, exibindo dentes brancos perfeitos! Seu olhar era fogoso, o corpo bem torneado, musculoso; sua risada era alta, alegre, contagiante e as pessoas se sentiam bem perto dele. Sempre era convidado para dançar nas festas ciganas, e as mulheres solteiras disputavam-no. Divorciou-se pela segunda vez oito anos atrás e, nesse tempo, saiu com diversas mulheres, de diferentes idades, não se apaixonando por nenhuma, deixando-as com o coração partido.

Quando estava presente, as moças se esmeravam em se arrumar para seduzi-lo, com a ajuda das famílias ciganas que o desejavam como genro. Mas ele se esquivava de compromissos sérios, sempre com uma desculpa. Sua astúcia para vendas e para "fugir" de casamentos era conhecida.

Filho da cigana Carmem, rica comerciante de automóveis importados, que lhe ensinou a arte das vendas, assim como o gosto pelas viagens.

Miguelito fechou sua casa em um lindo condomínio próximo a Sevilha para viver em um acampamento na Andaluzia com os irmãos ciganos. Seus dois filhos, Diogo e Safira, viviam com sua mãe Carmem. Ele só os via esporadicamente, pois era o cigano que mais viajava. Mesmo tendo muito dinheiro, Miguelito era simples e não queria se fixar em uma casa, tornar-se sedentário. Nos acampamentos por onde passava, deixava uma generosa contribuição em dinheiro e alimentos. Tinha clientes para seus carros no Brasil todo e no exterior, fazia negócios pela internet enquanto viajava a lazer.

Foi, em um tempo passado, amigo e discípulo de Manuel, pai adotivo de Dara. Costumava visitá-lo nos acampamentos. Depois que Manuel faleceu, tornou-se amigo íntimo de Ramon. Não desejava ser líder, queria liberdade, desapego dos lugares. Falava com fluência em romanês, inglês e espanhol. Era carismático, charmoso e muito brincalhão.

Por um feliz acaso, Miguelito reencontra Dara, no acampamento de Ramon, na enfermaria. Ela ministrava um medicamento à base de ervas para uma idosa acamada e falava serenamente com ela. A doçura de sua voz lhe chamou a atenção quando ele e Ramom passavam por ali.

Dara havia chegado fazia dois dias com um casal de amigos e nem tiveram tempo de se ver.

Miguelito ficou pasmo com a beleza da cigana, que se tornara uma mulher sensual, deslumbrante! Conhecera a moça quando ela tinha apenas 10 anos de idade, no acampamento que seu pai Manuel dirigia. Não mais a vira.

Ele sentiu seu coração bater mais forte, acelerado. Contemplou-a embebecido um tempo, até que ela percebeu sua presença e lhe sorriu, adivinhando, pelo sorriso dele, que era o famoso "Miguelito, o Conquistador"!

Dara o cumprimentou com naturalidade; a presença dele não a constrangeu, como acontecia com as mulheres em geral. Achou-o simpático, charmoso e nada mais. Mas ele tremeu ao apertar-lhe a mão, sentiu uma emoção diferente, paixão à primeira vista... e tímido em sua presença! Coisa nova para ele. Dara despertava esse sentimento em pessoas com excesso de autoconfiança.

Ramon divertia-se com a paixão do amigo por Dara. Já havia previsto que Miguelito a acharia linda, se apaixonaria e teria uma batalha à frente para conquistá-la. Conhecia Miguelito e sua amiga

Dara. Ela era diferente das outras ciganas: mantinha-se ocupada, preenchia sua vida, não precisava de um homem para lhe fazer companhia. Estava acostumada a viver só.

Dara pediu licença a eles, tinha ainda visitas a fazer aos enfermos. Miguelito a seguiu com os olhos, fascinado por ela, conforme se afastava.

Passou a segui-la discretamente, procurava estar perto dela em todas as ocasiões possíveis. Quando ele soube, por Helena, que Dara queria partir em breve em busca de sua mãe, pensou em contribuir com sua busca.

Esperou que ela lhe desse atenção. No entanto, em seus raros momentos livres, Dara ficava com os amigos não ciganos que a acompanhavam: Marcos e Elza, irmã Lúcia e padre Anselmo.

Miguelito, então, como raramente acontecia, sentiu-se carente e rejeitado por Dara. Como um adolescente, buscou apoio de Ramon e Helena.

À noite, Miguelito ficou se virando na cama, pensando na beleza da cigana que lhe roubou o coração. Todos já haviam notado que estava apaixonado por Dara, suas pretendentes estavam furiosas com ela.

Padre Anselmo dormia em uma tenda que dividia com dois homens solteiros e irmã Lúcia, na tenda com Dara. Marcos e Elza receberam uma só para eles. Todos estavam confortáveis, em um ambiente limpo, cheiroso, graças a Helena, que mantinha o acampamento em ordem e conseguia contribuições para fazer as manutenções nas tendas, nas instalações sanitárias, na cozinha.

Helena utilizava as habilidades de cada irmão nos trabalhos para que cada um atuasse no que sabia fazer melhor pela comunidade. A satisfação era percebida na ordem que reinava no acampamento.

Irmã Lúcia sentiu o sono de Dara agitado naquela noite. Algo estava prestes a acontecer. A cigana deveria estar recebendo algum aviso.

Levantou-se e, suavemente, segurou as mãos de Dara, até que ela se acalmou e voltou a dormir, serenamente.

"Bela como um anjo", observou irmã Lúcia. "O tempo lhe deixou marcas de sofrimento na memória, mas a beleza continua intacta... "Como amo essa menina!", pensava irmã Lúcia,

O acampamento amanheceu em clima de festa. Todos estavam alvoroçados, preparando-se para a Festa da Lua Cheia, que começaria à noite e duraria alguns dias. Ramon e Miguelito supriram o acampamento com uma enorme quantidade de frutas, que comporiam o altar de Santa Sara e outras divindades ciganas, a quem prestariam homenagem nesses dias festivos. Nas conclusões dos rituais, as frutas eram distribuídas entre os presentes.

Miguelito estava à procura de Dara, desde de manhã, ansioso por conquistá-la. Planejava seduzi-la com seu charme, mas sentia-se inseguro.

Dara passou por ele, sorriu e desejou um "bom-dia", não o encorajando a aproximar-se dela. Estava instrospectiva e triste naquela manhã.

Pensava em Dario, sonhara com ele, mas não sabia por que não se lembrava do sonho. Desde que despertara naquela manhã, irmã Lúcia a observava com seu olhar astuto. Padre Anselmo também a observava, ternamente, como a estudar sua alma, a desvendar sua origem.

O padre se encantava com o misticismo, a magia, que envolvia os ciganos, a forma harmônica e respeitadora com que se relacionavam, a generosidade com que compartilhavam seus bens, a musicalidade e a criatividade artística desse povo.

Ramon se lembrava de ter ouvido falar que Dara chegou bem pequena, com a senhora, no acampamento em Andaluzia na Espanha, provavelmente vinda da região da Romênia, mas pode ter confundido nomes. Os relatos dos ciganos viajantes circulavam entre eles. Mais tarde eram transformados em histórias transmitidas oralmente, de geração a geração.

Durante alguns dias, só se falou nesse assunto no acampamento: uma mulher e uma garotinha que haviam fugido de um ataque cruel em um acampamento noutras terras. Ele, ainda muito jovem, não se interessou pelos pormenores. Manuel e Maria, os pais adotivos de Dara, não comentavam o passado; queriam que Dara começasse uma nova vida ao lado deles e se esquecesse dos dramas que havia vivido tão novinha.

A dificuldade maior era localizar o país onde Dara nasceu e o lugar do acampamento. Havia lendas a respeito do cigano Ígor. Dizia-se que foi um grande líder vindo da Romênia, do "país distante". No orfanato, Dara pronunciou diversas palavras em romanês, mas não provava que nascera na Romênia, porque ciganos do mundo todo falam o romanês.

A Romênia é um pais da Europa Oriental; a norte e a leste é limitada pela Ucrânia; a leste, pela República da Moldávia e também pelo Mar Negro; ao sul, pela Bulgária e a Oeste, pela Sérvia e Hungria. Pequenos países, ligados uns aos outros. Precisar exatamente onde se situava o acampamento, depois de tantos anos, seria uma tarefa árdua.

Miguelito esteve nessas regiões diversas vezes, conhecendo-as melhor do que qualquer cigano viajante, e se prontificava para levar Dara e levantar informações que a levasse a encontrar a mãe. Ele queria ficar a sós com ela, assim aumentaria as possibilidades de que ela viesse a amá-lo. Confidenciou isso ao padre, que o ouviu, compadecendo-se com essa paixão adolescente.

Miguelito cativou rapidamente padre Anselmo e irmã Lúcia, assim como os outros amigos, Marcos e Elza. Começaram a "torcer" para que Dara correspondesse ao amor dele e tivesse um esposo para ampará-la.

Miguelito foi à cidade comprar joias para Dara usar na Festa da Lua Cheia. Desejava vê-la linda em sua apresentação de dança. Faria uma surpresa para ela.

Nas danças ciganas, as mulheres casadas sempre dançavam com um lenço bordado de moedas, pedrarias e até joias, amarrado à cabeça, mostrando que já estavam compromissadas, e as solteiras dançavam com os longos cabelos soltos, até a altura dos quadris, ou com o cabelo preso por uma longa trança, sem lenço, mostrando que eram solteiras. Os cabelos deveriam ser mantidos longos, jamais deveriam ser cortados a fim de que as mulheres mantivessem o dom da vidência a vida toda.

Helena conseguiu, nesse acampamento, obter a autorização dos maridos para que elas cortassem pelo menos alguns centímetros das pontas dos cabelos, para conservar a beleza e a força dos fios. Ela mesma, como de praxe, quebrava as regras, mantendo seus cabelos compridos até os ombros, e ninguém ousava interferir em suas decisões, nem mesmo Ramon.

Poucas mulheres iam contra as tradições, temendo retaliações do marido e da sogra, pessoas de comando na vida delas. Helena era sempre uma exceção às regras, e as ciganas acabaram se acostumando com o jeito dela, pois suas qualidades superavam o que consideravam "seus defeitos".

Helena às vezes se sentia sozinha na luta pelos irmãos ciganos, uma vez que eles eram conformistas com a própria situação, mesmo tão precária. Eles eram criados para viver o momento sem maiores complicações – e romper com regras de submissão de origem milenar era desgastante. Seu marido Ramon, o finado Manuel e Maria, seu filho Manuel e alguns outros espalhados em vários lugares é que lhe davam força para lutar por um mundo melhor e mais justo para os irmãos, que aprendeu a amar mais que qualquer coisa!

"Até Miguelito, tão solto, viajado, mulherengo, era machista, conservador, pois deixava os filhos sob os cuidados de sua mãe e não se preocupava com eles. Tinha amantes, mas seria capaz de até matar a mulher que o traísse. Suas ex-esposas andavam com a cabeça sempre coberta por lenço, os cabelos compridos até as nádegas, só usavam saias longas", pensava Helena.

Muitas mulheres ciganas nunca haviam ido a um ginecologista; seus maridos não permitiam que elas fossem. Helena conseguia, aos poucos, romper com essas barreiras, levando médicos ciganos aos acampamentos, instalando tendas que serviam como ambulatórios. Era em uma dessas que Dara atendia os enfermos, com suas rezas, energização e fórmulas fitoterápicas.

Graças aos esforços de Helena, conseguiram reduzir os óbitos, as doenças infantis, doenças ginecológicas e outras que existiam.

"Dara era livre", observava Helena. Tinha amigos *gadjés*, não tinha preconceito; mas sempre usou saia, desde que saiu do orfanato de Irmã Lúcia, sendo, por isso, humilhada pelas pessoas da cidade, em diversas ocasiões; não frequentava médicos e hospitais, não acreditava na medicina dos *gadjés*; enfim, como havia crescido no meio dos ciganos, achava isso natural. Absorveu princípios que, na opinião de Helena, deveriam ser inovados.

Dara continuava em uma introspecção profunda. A carta com a imagem da Torre, que mostra abalos fortes se aproximando, apresentava-se à sua mente, por mais que tentasse não ver. Estava aflita por não "antever" o que aconteceria, mas sabia que era com Dario.

Miguelito voltou da cidade. Enquanto lá fazia as compras, causou admiração nas mulheres *gadjés*, com seu modo sensual de caminhar, seu olhar fogoso, sua maneira elegante e particular de se vestir: usava argolas ciganas de ouro nas orelhas, calças jeans de marca famosa, camisa aberta no peito, correntes de ouro e medalhas no pescoço, cabelo para trás com gel: um charme, todas suspiravam quando passava. Ele retribuía os olhares com um lindo sorriso.

Foi à melhor joalheria e comprou, para Dara, uma linda gargantilha e um anel de ouro com rubis incrustados, esperançoso que o presente fizesse com que ela percebesse sua existência, seu amor e lhe correspondesse. Só Dara no acampamento não havia percebido que ele estava apaixonado por ela... O pensamento dela estava longe dali...

Padre Anselmo e irmã Lúcia se aproximaram de Dara, preocupados com a mudança em sua fisionomia. No dia anterior estava alegre, conversava com todos. Acordou assim, calada e triste... Alguma coisa acontecia.

Dara precisava desabafar e contou aos dois que na noite anterior teve sonhos do qual não se recordava, mas havia acordado com sensações estranhas, via a carta da Torre, mostrando que algo trágico aconteceria. Ela estava com medo. Abraçou irmã Lúcia e chorou, chorou... A irmã afagou seus cabelos, carinhosamente. O padre assistia, compadecido, à cena, imaginando que a vida de Dara fora sofrida, deixara marcas profundas.

Miguelito, a uma certa distância, via os três juntos, e se sentiu excluído, invisível à Dara. Mesmo assim, determinou-se a conquistar o coração dela, não importava o tempo que demorasse para conseguir isso. Ele não estava acostumado a perder. Aguardou um pouco, aproximou-se deles e ofereceu seu presente à cigana, aguardando que ela o abrisse e ficasse feliz.

Surpresa, Dara olhou para o padre, para a irmã, ainda com os olhos molhados pelas lágrimas recentes, olhou para Miguelito séria, abriu devagar o presente, sem entender se aquelas joias eram para ela. Tão lindas... Envergonhada, olhou-o timidamente e perguntou-lhe: "São para mim?".

"Sim, Dara, comprei joias que fizessem jus à sua beleza, para você dançar com elas na festa hoje à noite."

"Obrigada, Miguelito, vou usá-las na festa", disse com naturalidade, voltando a atenção para o padre e para o assunto do qual falavam antes. Não demonstrou o entusiasmo que o cigano esperava. Ele se retirou, cabisbaixo, sentindo-se um moleque tolo e apaixonado.

O padre e a freira tiveram pena do cigano, tão tímido com Dara, mas nada disseram a ela, que, naquele momento, precisava de conforto espiritual para que as visões clareassem, e ela identificasse seus pressentimentos. A presença da irmã Lúcia e do padre Anselmo fez com que Dara se acalmasse; sentia-se segura ao lado deles. Ela só observou melhor a joia que recebeu quando voltava para sua tenda. A joia era linda, mas não se via usando algo tão caro. Não fazia parte de seu mundo simples um objeto tão valioso. Usaria a joia para ser educada com Miguelito, como seria com outra pessoa que a presenteasse.

Estelita a espreitava, furiosa. A ciganinha viu quando Miguelito entregou a joia a Dara e a indiferença com que ela recebeu tão lindo presente.

"Uma joia de princesa, que deveria ser minha, não de Dara", disse Estelita, com lágrimas nos olhos. O ódio que ela sentia por Dara crescia.

Dara voltou para sua tenda, indiferente ao drama interno que Estelita vivia. Sentia-se feliz por rever irmã Lúcia mais uma vez. Queria viver intensamente esses momentos, usufruir de todo o bem que a companhia dela e do padre lhe faziam. Preparou a cama para a irmã repousar antes do jantar.

A sensação de que algo aconteceria retornou, deixando-a inquieta. Tentou repousar e não conseguiu. Saiu silenciosamente para meditar na mata próxima ao acampamento. Tão absorta estava em seus pensamentos, não sentiu que Miguelito a seguia, a certa distância. Quando chegou a um certo local, bem arborizado, onde havia uma energia forte, positiva, sentou-se para meditar e libertar os medos na vegetação. Essa era uma prática comum nos curandeiros: adentrar nas matas, evocar os espíritos protetores, absorver o ar puro e expulsar a negatividade dos canais energéticos, receber visões, apurar a energia de cura.

Miguelito apareceu no local de repente, com o olhar apaixonado e quase suplicante. Olhou-a tão intensamente que a despertou... Aí ela começou a perceber a paixão, o desejo que ele tinha por ela. Pediu timidamente para se sentar ao lado dela. Estava bem arrumado, como sempre: cabelo penteado com gel, seu melhor sorriso em seus lábios sedutores, perfumado, irresistível.

Ela se sentiu lisonjeada com a corte do cigano, mas pediu-lhe, com carinho, que a deixasse sozinha, estava necessitando... que voltasse depois. Ele concordou, contrariado com a recusa da moça, mas não desistiria até conquistá-la. Aguardaria por ela perto dali. Sabia que não poderia permanecer nos lugares utilizados pelos feiticeiros para seus rituais.

Dara sentou com as pernas cruzadas, coluna ereta, inspirou profundamente por alguns minutos, elevando a própria vibração: quando entrou em um estado de relaxamento e calma, viu Dario, de carro, derrapando, sofrendo um acidente, ensanguentado. Não conseguiu manter o controle e saiu bruscamente das visões, gritando: "Nãããããããoooooo!"

Suava e corria desesperada pela floresta chorando. Tropeçou em um galho caído, caiu e chorou, sentindo-se indefesa... Dois fortes braços a enlaçaram, por trás, para levantá-la. Era Miguelito.

Ele ficou por perto, à sua espera. Virou-a de frente para ele, e a abraçou ternamente. Dara deixou-se abraçar, carente, sentindo-se uma menina. Miguelito beijou sua testa, mostrando que a respeitava. Beijou sua mão e seus cabelos. Ela o afastou, delicadamente, impedindo-o de avançar. Agradeceu por sua presença. Ficou ainda um tempo com a cabeça apoiada no peito musculoso, bem próxima, sentindo o quanto esteve sozinha todos esses anos. Agradou-lhe o cheiro másculo de Miguelito, os ombros largos, sua voz rouca e musical, mas sentia uma saudade de Dario que doía em seu peito. Dara pedia, em oração, que a espiritualidade cigana intercedesse a favor de Dario, defendendo-o, pressentindo um grave perigo a envolvê-lo.

Ela e Miguelito estavam em silêncio, mas uma atmosfera de carinho e respeito nasceu entre eles. Ele, comovido pelo sofrimento que vinha de Dara e excitado com a proximidade de seu corpo; ela, enternecida por Miguelito estar próximo em um momento tão difícil para ela, o calor do corpo dele lhe provocando um desejo que julgava adormecido, após tantos anos de abstinência sexual.

Dara e Miguelito voltaram de mãos dadas ao acampamento. Dara respirava profundamente, serenando sua vibração interna, no controle de si mesma. Ele, satisfeito internamente, sentindo que ela começava a "ceder". Queria proporcionar-lhe mais prazer, mais carinho, mas iria devagar.

Os dois não perceberam Estelita, escondida, vendo-os chegar, enciumada por Dara tirar dela o homem que desejava. Não queria saber de casamento "arranjado" dos ciganos: apaixonou-se por Miguelito quando o viu dançar flamenco, alguns anos atrás, em outro acampamento em que morou. Era ainda uma menina, mas nunca esqueceu o cigano sensual. E sentiu que ela não lhe era indiferente, agora que se tornara mulher.

Desejava entregar-se a ele para que fosse forçado a desposá-la. Estelita era virgem e, de acordo com as tradições, ele só poderia fazer amor com ela e desvirginá-la se fossem casados. Planejava seduzi-lo, entregar-se a ele e mostrar o lençol com sangue na comunidade em que viviam. Ele teria que assumir a responsabilidade, pois, se não o fizesse, Ramon tomaria atitudes drásticas, como o banimento da comunidade, e Miguelito amava Ramon.

Seu plano já estava arquitetado e Dara veio para mudar o rumo de sua história, por isso ela a odiava. Dara nem se importava com Miguelito. Era "velha" na concepção de Estelita. Já havia passado da idade de se casar e todos sabiam que não era mais virgem, tivera um "romance" fracassado. "Não era mulher certa para um divorciado com dois filhos."

Assim, Estelita, que sempre foi correta, por causa do ciúme que sentia, decidiu fazer uma "magia" para afastar Dara de Miguelito.

Silenciosamente, dirigiu-se à tenda de Dara, para furtar algum objeto pessoal da cigana e executar a "magia" que a cigana Dalva, de outro acampamento, ensinou. Mas nesse momento, irmã Lúcia, que estava despertando, percebeu a moça se esgueirando e sentiu algo pesado em sua presença; perguntou o que queria, recordando-se dela: contava histórias às crianças, no dia em que chegaram. Sentiu uma mudança no comportamento da mocinha, mas não sabia identificar o quê... Percebeu que ela empalideceu com sua presença, retirou-se rapidamente. Irmã Lúcia sentiu um vento frio, acompanhando a moça. Fez a oração do "Pai-Nosso", temendo por Dara. Lembrou que Dara acordara, naquele dia, com maus pressentimentos, e começou a se preocupar também, intrigada com a presença da moça.

O acampamento de Ramon era prestigiado pela honestidade que reinava entre os ciganos. Nunca haviam ocorrido furtos e as pessoas viviam relativamente em paz, procuravam resolver suas diferenças de forma pacífica.

Movida pela inveja, Estelita revelava um aspecto sombrio de sua personalidade, vingativo e cruel. Ela queria furtar a joia que Miguelito deu de presente à Dara, mas a freira atrapalhou seus planos. Contudo, conseguiu furtar uma escova de cabelos de Dara, um objeto pessoal.

Estelita afastou-se e foi para uma área deserta do acampamento. Desenhou, com pedras, um círculo no chão, sentou-se dentro do círculo e, de olhos fechados, concentrada, lançou um feitiço em Dara, pronunciando palavras de magia, calma e firmemente, que só poderia ser desmanchado por outra cigana que o descobrisse. Colocou fios de cabelo de Dara que tirou da escova dentro do círculo. Nesse mesmo instante Dara sentiu um mal-estar. Despediu-se de Miguelito e voltou para a tenda, subitamente exausta. Chegou, deitou e adormeceu profundamente.

Enquanto isso, irmã Lúcia auxiliava Helena a distribuir e limpar as mesas espalhadas pelo pátio do acampamento. A organização que viu ali encheu a freira de admiração pela administração de Helena, pela cooperação harmoniosa que presenciava ali, entre os ciganos. Até as crianças auxiliavam.

Alheia ao que acontecia com a amiga, irmã Lúcia a aguardaria no refeitório. Em poucas horas a festa começaria. As pessoas começariam a chegar em breve e os ciganos se arrumavam para a grande Festa da Lua Cheia. Os ciganos se encontrariam no refeitório, jantariam juntos e abririam a noite de festejos, com muito vinho, sucos, frutas e pratos da culinária cigana.

Helena deixava Ramon à vontade nas festas, tocando violino e guitarra, cantando e dançando com as ciganas. Não sentia ciúmes, mas estava sempre por perto, observando a conduta do marido. Muitas moças vinham à festa para ver Ramon e Miguelito; Helena não confiava totalmente no marido, por isso o controlava e ele nem percebia seu controle.

Miguelito entrou no refeitório arrumado, cheirando a colônias caras estrangeiras, os cabelos penteados com gel, calça preta, camisa branca aberta no peito, colete vermelho, faixa dourada na cintura, lenço vermelho na cabeça, uma argolinha de ouro em uma orelha e uma corrente de ouro no peito. Estava elegantíssimo, charmoso, desfilando o lindo sorriso, prevendo uma noite de sucesso com Dara.

Estelita chegou logo depois, linda, com uma saia vermelha de cetim, blusa branca de mangas largas, uma gargantilha dourada, os cabelos negros compridos e lisos brilhando, os olhos pintados de preto, uma flor vermelha no cabelo. Estava radiante, jovem, perfumada. Miguelito lhe sorriu, encantado com a beleza da jovem, e ela retribuiu, mostrando-se receptiva à sua corte. Encarava-o abertamente, praticamente se oferecendo a ele. Tomou a iniciativa de servir-lhe vinho e ele aceitou, despreocupado.

Nas festas, costuma-se beber vinho e Helena procurava controlar discretamente a quantidade que os ciganos bebiam para que não se excedessem com as mulheres de fora, as *gadjés*, nem provocassem brigas com os homens.

"Estelita continuava servindo vinho a Miguelito antes de as pessoas chegarem, parecia querer embebedá-lo." Helena compartilhou esse pensamento com irmã Lúcia, que, nesse momento, teve um vislumbre da razão do desconforto que sentiu ao ver Estelita na tenda: recebia um aviso de perigo, ela estava com ciúme de Dara. Estelita queria seduzir Miguelito e fazer algo contra Dara.

Irmã Lúcia queria falar a respeito de sua desconfiança com padre Anselmo, mas este aproveitava para conversar com Ramon, ouvir suas histórias, fascinado com o que estava aprendendo. Não iria interrompê-los com o que eles poderiam chamar de "intuição feminina". Então, contou a Helena sobre a entrada furtiva de Estelita na tenda de Dara. Helena destrinchou o mistério na hora: a moça queria pegar algo de Dara, fazer algo contra ela; tinha notado o interesse de Miguelito por Dara e queria afastá-lo dela.

Preocupada, mas tendo de recepcionar os convidados que começavam a chegar, Helena pediu à irmã que fosse imediatamente à tenda e, conforme o estado de Dara, chamasse Ramon, que era o *kaku* dos ciganos, a pessoa mais indicada para desmanchar magias.

Irmã Lúcia correu à tenda. Encontrou Dara dormindo profundamente, a linda veste ao seu lado, na cama, pronta para ser vestida.

A mesma que ganhou aos 18 anos e que conservou com todo carinho, observou a irmã.

Tentou acordar Dara, mas ela parecia enfeitiçada, não abria os olhos; gemia, mas não despertava mesmo com a irmã chacoalhando-a para acordar. Parecia estar ausente do corpo. A freira rezou, rezou com todo amor que sentia por Dara, rezou até para os guias ciganos... Dara não acordava.

Irmã Lúcia ia sair para chamar Ramon, mas viu, de novo, Estelita, vindo furtivamente, por outro caminho, à tenda. Saiu da tenda antes que ela chegasse e, adiantando-se, disse que Dara estava dormindo, que provavelmente não iria à festa, não queria acordar, deveria estar exausta.

Estelita sorriu disfarçadamente, mas a irmã percebeu; então se afastou.

Passado um tempo, Ramon e padre Anselmo chegaram à tenda. Helena, vendo que a freira não retornava à festa, pediu para Ramon acudi-la.

Ramon tentou despertar Dara e não conseguiu. Abriu os olhos dela e viu que estava mesmo em um sono profundo, incomum para alguém tão ativa como ela. Mediu sua pulsação: estava fraca, como desmaiada. Confirmou que a moça estava enfeitiçada; haviam feito algum trabalho de magia para ela. Padre Anselmo estava pasmo, não havia ainda presenciado um feitiço.

Ramon pediu para irmã Lúcia sair e rezar, fora da tenda, pela moça. Só ele e o padre ficaram ali. Entoou alguns cantos sagrados em romanês, percorrendo as mãos, a uma certa altura, em volta do corpo de Dara, energizando, pronunciando orações ciganas. Demorou um tempo para ela começar a se mexer e a recuperar a cor. O padre rezava junto, somando forças, evocando energias de cura e de amor. Padre Anselmo se admirava com a sabedoria de Ramon: reconhecia nele um líder amoroso, forte, que lhe ensinava um tanto de coisas nesses dias com ele.

Enfim, Dara voltou a si, sonolenta, mole, parecendo que havia dormido muito tempo. Não sabia o que lhe ocorrera, mas sentia haver relação com a carta da Torre. Irmã Lúcia entrou na tenda e molhou o rosto de Dara com uma água magnetizada que Ramon preparou. Dara recobrava a consciência.

Ramon sentia-se exausto, depois do tratamento energético que ministrou em Dara. Precisaria beber uma boa quantidade de água, deitar um pouco e respirar para reenergizar-se e aproveitar a festa. Deixou Dara sob os cuidados de padre Anselmo. Dirigiu-se à mata, para um ritual de energização. Caminhava pela floresta, indignado, sem saber o que fazer com Estelita. Não permitiria que tais práticas negativas se instalassem entre eles, teria de cortar o mal pela raiz, afastando Dara de lá, se fosse preciso. Ou banindo Estelita.

Dirigiu-se a um ponto de força que existia na mata. Respirou profundamente, diversas vezes, evocou a força dos ciganos do astral, do cigano Manuel, do cigano Ígor, pai de Dara, que se tornou lendário por defender seu povo; dos ciganos guardiões. Ele, como líder, deveria salvar seu povo dos ataques do mal. Os que se desviassem deveriam ser orientados para voltar ao caminho do bem. Se não quisessem, seriam banidos da tribo. Pensou em Estelita, sempre tão angelical e bondosa, desviada pelo ciúme.

Dara despertou com a sensação de que tinha dormido por dias. Seu corpo estava dolorido, mas, com as técnicas de respiração que conhecia, se recuperaria rapidamente. As imagens vinham indefinidas em sua lembrança. As primeiras pessoas que viu nitidamente, ao acordar, foram irmã Lúcia e padre Anselmo, que a olhavam preocupados, querendo lhe dizer algo.

Quando soube ter sido alvo de feitiço de Estelita, Dara ficou triste. Gostava muito dela e não havia percebido que Estelita se interessava por Miguelito. Sentiu-se culpada pelo ocorrido e por ter quase cedido à sedução de Miguelito. Estelita deve ter percebido a proximidade deles, naquela tarde. Dara não queria trazer conflitos à vida no acampamento, "seria melhor ir embora logo dali". Nem sentia mais vontade de ir à festa, mas irmã Lúcia insistiu que fosse. Queria vê-la dançando mais uma vez, como quando era jovem e dançava para as crianças do orfanato.

Por fim, Dara aceitou ir à festa, mas, disposta a manter distância de Miguelito, deixaria o caminho livre para Estelita. Não lhe causaria sofrimento Mesmo sabendo da "magia" que lhe fora feita, Dara atribuía essa insensatez de Estelita a um ato infantil. Ela deveria ser orientada para não fazer mais isso, mas continuar no acampamento, na opinião de Dara. As crianças e adultos adoravam suas histórias; era uma pessoa importante para eles. Estelita contribuía para que a tradição cigana continuasse viva na memória das pessoas e fosse transmitida de geração a geração.

Quando Ramon voltou da floresta, a festa já começara. Os ciganos estavam dançando, com suas lindas roupas coloridas, sua música ecoando, alegre, ao som do violão, da castanhola, do violino e das palmas. Ramon, refeito, vigoroso como sempre, entrou na roda cantando, com sua voz grossa e potente, lindas canções espanholas, arrancando aplausos das pessoas.

Meio afastado das pessoas, Miguelito dançava com Estelita, visivelmente embriagado, olhando-a com desejo. Ela não bebia. Ficar sóbria fazia parte de seus planos. Ela o conduziria para mais longe das pessoas.

A ciganinha movia-se de forma insinuante, olhando-o nos olhos, usando o "olhar de fogo" para seduzi-lo. Ele já estava começando a sucumbir aos encantos da jovem cigana, excitado pelo vinho, pela dança, pela magia que os envolvia. O próximo passo de Estelita seria levá-lo a um local deserto do acampamento e entregar-se a Miguelito, antes que ele recuperasse o controle.

Neste momento, Dara, acompanhada por irmã Lúcia, tentava passar discretamente, entre as pessoas. Estava linda, em seu traje, mas seu semblante era triste. Irmã Lúcia, atenciosa, tentava alegrá-la.

Ramon avistou-as e sorriu, aliviado. Chamou Dara para dançar no palco e ela aceitou timidamente, não podendo recusar o convite do líder, sob pena de afrontar a autoridade de Ramon, coisa que os ciganos não permitiam. Só então, quando ela estava no palco e começou a dançar e tocar castanhola, Miguelito a viu e deu pela falta dela, despertando de um estado de torpor e embriaguez. Olhou para Dara fascinado. A beleza dela, naquela noite, era especial: seus olhos, de dia tão claros e dourados, estavam verdes e tristes. Isso atiçava ainda mais seu desejo de macho, a vontade de dominá-la...

Estelita, desesperada, jogou-se em seus braços, implorando que ele a possuísse. Miguelito a afastou, não a percebia mais, só tinha olhos para Dara. Esta dançava o flamenco, seus olhos cheios de lágrimas. Sentia-se uma intrusa naquele lugar e no mundo. Somente irmã Lúcia entendia a dimensão da dor na alma da cigana.

Conforme o ritmo da dança crescia, Dara executava belos movimentos, mexendo os quadris, tocando a castanhola, batendo os pés no chão, os sininhos presos à sandália fazendo sons lindos e suaves, desligando-se do que acontecia ao seu redor, entrando em transe... Viu-se menininha, correndo em campos floridos, atirando-se nos braços do cigano Ígor. Sentiu o abraço caloroso do pai, viu as amiguinhas que tinha aos 3 anos, cantando em roda... Uma enorme paz invadiu seu coração. Ficou nesse estado alguns minutos; quando abriu os olhos o viu, novamente, não acreditando.

Dario estava na festa, assistindo Dara dançar, fascinado por sua beleza, como 18 anos atrás. Estava paralisado, olhando-a, com seus belos olhos verdes, cheios de lágrimas: o rosto envelhecido, cansado, mas ainda muito bonito. Dara reconheceu de imediato o amado: olhou-o tão fixa e profundamente que as pessoas se voltaram para ver quem absorvia sua atenção com tanta intensidade e Dario se aproximava, com os olhos nela.

Olharam-se com amor, o amor que os dois souberam nesse instante ter permanecido incólume todos esses anos, um amor indestrutível. Dara começou a chorar de emoção, não acreditando que via novamente seu grande amor. Os lábios de Dario tremiam, controlando-se para não chorar no meio de tanta gente.

Nesse instante, percebendo a situação, rápido como um felino, Miguelito subiu ao palco e, para surpresa de Dara, abraçou-a, beijando-a na boca, apaixonadamente, sem que ela tivesse tempo de protestar. Ele a imobilizou em seus braços fortes:

"Não te perderei para outro", dizia o cigano a si mesmo.

Estelita via a cena do beijo chorando. Saiu correndo dali, arrasada.

Passados alguns segundos, Miguelito soltou Dara, que se debatia em seus braços, tentando se desvencilhar, furiosa com ele, gritando-lhe que a soltasse, dirigiu-lhe um olhar tão furioso que o desconcertou..

Dara olhou à volta e não viu mais Dario. Correu à sua procura, aflita, abrindo caminho entre a multidão, gritando em vão o nome de Dario.

Ele se retirou da festa chorando, desesperado pelo amor que ainda sentia por Dara.

"Ela continuava linda. Era óbvio que Dara estava comprometida com esse homem", pensava. "Após tantos anos, não era justo esperar que ela permanecesse fiel a mim", disse a si mesmo.

Ela o amava também, ele viu em seus olhos, mas deveriam se esquecer, pois não havia futuro para eles. Ele tinha mulher e filhos, uma posição privilegiada no mundo empresarial, do qual ela não faria parte, e ela estava com outro, com um homem cigano, alguém do seu mundo.

Voltava pela estrada esburacada velozmente. Tão absorto na lembrança dolorosa de Dara nos braços de outro, Dario não percebeu um cavalo que atravessava a estrada escura e deserta, naquela hora da noite. Tentou frear a tempo, mas não conseguiu: o carro colidiu com o animal, capotou, e Dario foi jogado para fora do veículo, arremessado no barranco.

No instante do acidente, Dara voltava, desesperada, para sua tenda.

Miguelito quis ir atrás dela, implorando que o ouvisse, mas Dara queria estar só. Sentiu uma dor aguda no peito e soube que um acidente acontecera a Dario. A carta da Torre. Sabia agora o significado.

Tinha a sensação de que a vida não lhe daria a chance de ser feliz.

Miguelito tentou aproximar-se de novo dela e ela o empurrou, raivosa. O cigano sentiu-se rejeitado, desrespeitado, nem imaginava que poderia ter agido errado, interferindo no destino de Dara. Mas queria que ela fosse dele.

"E ela será, não a perderei para outro", pensava com fúria, "muito menos para um riquinho da cidade. Ainda por cima um *gadjé*".

As mulheres se ofereciam para ele, havia quem o desejasse. Sempre alcançava seus objetivos, ou seja, teria Dara para ele.

Dara, desesperada, pediu a Helena que ligasse para a polícia a fim de saber se acontecera um acidente nas redondezas. Ela tremia. Ajoelhou-se, como irmã Lúcia lhe ensinou, e orou, pedindo aos anjos, a Jesus, aos ciganos do astral que cuidassem de Dario, que o mantivessem vivo.

Irmã Lúcia tentava acalmá-la, mas pressentia, também, que algo grave acontecera. Estava preocupada com Dario e com Marina, sua amiga e mãe dele.

A festa continuava, as pessoas bebiam, dançavam, riam, alheias ao drama de Dara. Estelita planejava sua vingança contra Dara e Miguelito;

faria com que ele pagasse por rejeitá-la e se vingaria de Dara, por atrapalhar sua vida assim.

Estelita achava que, naquele momento de fragilidade, Miguelito se reaproximaria de Dara com humildade, desculpando-se por agir daquela maneira na festa, fazendo-se presente, amigo. E a desprezaria. A magia que ela fez para ele foi rompida quando Dara começou a dançar, penetrando em esferas astrais mais elevadas.

"Dara era forte, sensitiva, tinha defesas contra os feitiços femininos ciganos", pensava Estelita.

Ramon foi à tenda de Dara, tentando acalmá-la, querendo que aguardassem amanhecer para receber notícias de Dario. De manhã, irmã Lúcia telefonaria a dona Marina. No entanto, Dara insistiu que ligasse imediatamente e ela assim o fez. Telefonou para a residência de dona Marina e foi atendida por um empregado. Pela expressão alarmada da freira, Dara constatou que algo grave acontecera. Um turbilhão de pensamentos desconexos povoava sua cabeça, sentia desfalecer internamente. Não ficou surpresa ao saber que Dario sofrera um acidente, havia sido avisada. E queria ir ao seu encontro. Não entendia por que, mais uma vez, perdia Dario.

"Se ele havia ido até lá", pensava, "viajado por essas estradas esburacadas e perigosas para me ver, isso só pode significar que ainda me ama!"

"Ele me ama", repetia, "vi isso em seus olhos, vi a dor da separação em seu olhar, as marcas de sofrimento em sua fisionomia. Ele viu o mesmo em mim".

Sentia uma revolta crescente por Miguelito, nem queria mais que ele se aproximasse dela, causando-lhe dor e frustração. Ele parecia uma criança desesperada nesse momento e não sabia como agir para recuperar seu bem perdido: o amor de Dara.

O desejo de Miguelito por Dara só aumentou após esse episódio: ter experimentado seus lábios carnudos e macios, no beijo de poucos segundos, sentir o corpo quente de encontro ao seu, fez com que criasse fantasias eróticas com a cigana. Não se conformaria em perdê-la. Apelou a Ramon, que tinha influência sobre Dara, para que ela o perdoasse.

Miguelito percebeu, no momento em que o viu perto do palco, que Dario era um homem indeciso, acostumado com luxo; não era homem para Dara... Acreditava que Dario não lutaria para ficar com ela.

Ramon pensava como Miguelito, que Dario era covarde, inseguro, mas se deparava, mais uma vez, com a determinação férrea de Dara, já a vira assim algumas vezes. Teria de ceder e sair em busca de Dario.

Sentia pena por ver seu amigo Miguelito tão inseguro quanto ao amor de uma mulher por ele, sempre tão bem-sucedido com o sexo oposto. Teria de levar Dara ao encontro de Dario no hospital. Sua intuição mostrava que ela se decepcionaria novamente com Dario, mas essa experiência iria convencê-la, de uma vez por todas, que necessitava se libertar desse amor impossível.

Dara vestiu, como há dezoito anos não fazia, calças compridas, que Helena lhe emprestou. Não poderia chegar em um hospital ou em uma cidade com roupas ciganas, com o risco de ser barrada, sabia disso, já havia sofrido muito preconceito das pessoas. Ia determinada a lutar pelo amor de Dario, até deixaria de ser cigana para se unir a ele. Correria esse risco. Ramon admirava a amiga por ter se mantido fiel a esse amor todos esses anos. Ramon sentia que a magia corria solta, ainda, mas não havia tempo para detê-la. Quando voltassem do hospital, faria o ritual de desmanche do feitiço, não aceitava a magia negra circulando entre seu povo.

Ramon, irmã Lúcia e Helena iriam junto com Dara ao hospital, pois estavam preocupadas com ela. Do hospital, irmã Lúcia retornaria para o orfanato, antes do previsto, pois dona Marina acompanharia o filho Dario durante o tempo em que ele estivesse internado.

Estelita foi vista saindo sorrateiramente do acampamento. Miguelito e padre Anselmo esperariam acordados por ela. Estavam preocupados.

O percurso até o hospital foi feito em silêncio, ninguém ousava romper. Dara apoiava a cabeça no ombro de irmã Lúcia, segurando em sua mão, como uma criança carente. Era assim que se sentia. Pronunciava mentalmente orações, palavras de cura. Procurou concentrar-se e visualizar Dario saudável. Irmã Lúcia, Ramon e Helena também oravam. Ramon desmanchava a magia que ainda rondava o acampamento...

Nesse ínterim, Estelita voltou furtivamente ao acampamento. Queria entrar na tenda de Dara para roubar o colar que Miguelito havia dado. Mas Miguelito percebeu que ela havia voltado e a seguiu, chamou por ela no momento que ia entrar na tenda, já havia sido avisado da magia de Estelita.

Ela o olhou amedrontada, saiu às pressas, mas ele riu, em resposta. Não era um moleque inexperiente: havia andado por muitos países, conhecido diversos ciganos feiticeiros e sabia como se defender. Não entrou no jogo de sedução de Estelita porque isso lhe traria problemas futuros. Se a desvirginasse, teria de desposá-la e não a desejava a esse ponto: ela o atraía, era linda, virgem, jovem, mas o sentimento e o desejo que tinha por Dara era muito mais forte. Ele precisava conquistá-la e resgatar sua autoconfiança.

CAPÍTULO XIII

No Hospital

Dara estava ao lado do leito de Dario, segurando a mão dele. Dizia-lhe, murmurando, o quanto o amava, o quanto sempre o amou, serena e docemente. Ele estava sedado, mas reconhecia a voz de Dara. Felizmente, sobrevivera ao acidente, pois havia sido socorrido logo pela polícia rodoviária. Com fratura nas costelas, perna quebrada, estava todo enfaixado, da cintura até os ombros. Segundo os médicos, foi um milagre não ter morrido... Nem imaginavam o poder das orações que os *kakus* dirigiram a ele.

Dona Marina deixou-os a sós no quarto enquanto aguardava a chegada do marido, que voltava de uma viagem a trabalho, e da nora, que vinha às pressas, da capital.

Quando chegou no hospital, Dara disse que queria ficar a sós com Dario com uma determinação que surpreendeu e emocionou as pessoas presentes. Ficaram no corredor, aguardando notícias. Dara os via pelo vidro do quarto para o corredor.

Dario despertou do estado de semiconsciência ao ouvir a voz da mulher amada e lágrimas escorreram de seus olhos, emocionado. Dara, delicadamente, aproximou-se, secou os olhos dele com um lenço de papel macio. Murmurou:

– Eu te amo, Dario... Sempre te amei.

Dario olhou para ela, expressando, no olhar: "Eu também te amo, Dara".

Na sala de espera do hospital, Ramon estava inquieto com a situação: queria que Dara se casasse com Miguelito, querido e leal amigo, um cigano. Ela deveria permanecer entre os ciganos, não seria aceita na sociedade dos *gadjés* nem se adaptaria a eles; ainda não era nesta vida que ela se uniria a Dario, pensava. A Dario, faltava,

92

ainda, fibra de lutar por ela. Ramon antevia muitos conflitos a enfrentar para se unirem. Conflitos sociais, culturais. Dara era cigana integralmente, de corpo e de alma.

Miguelito lhe daria uma vida nômade, movimentada, como ela gostava. Com ele, nada lhe faltaria: nem amor, nem dinheiro, nem ocupação, pois ela continuaria a trabalhar com as curas, a cartomancia, em qualquer lugar onde estivesse.

Com Dario, ela se entediaria, iria se sentir só, infeliz, segregada. Helena pensava como ele, mas confiava que as coisas se resolveriam no tempo certo.

As horas foram passando. Em breve amanheceria. Dara permanecia perto de Dario, ora afagando seus cabelos, ora segurando sua mão, olhando amorosamente para ele. Fortes emoções envolviam os dois.

Em certo momento, Dara olhou intensamente para Dario como se penetrando em sua alma. Um arrepio percorreu todo o seu corpo e ela sentiu medo, o medo dele. Uma enorme tristeza pelo abismo que havia entre eles invadiu seu coração.

"Dario não teve a fibra de lutar por mim, por isso fugiu de novo. Ele está a tal ponto enraizado na maneira como vivia, a tal ponto conformado com a infelicidade da rotina de sua vida, que não tem forças para se libertar", refletiu.

Com seus belos olhos umedecidos pelas lágrimas, Dara olhou, através do vidro, para Ramon e Helena, que lhe sorriram, comungando do mesmo pensamento.

Naquele momento, Dara se libertava do peso de uma dúvida que há muito tempo carregava, desde que deixara o orfanato de irmã Lúcia na juventude: de não ter lutado por seu amor, por Dario.

Agora ela sabia que lutou, sim, mas não adiantava lutar sozinha. O esforço precisava vir deles dois. Ela sempre esperou por ele, todos esses anos fiel ao seu amor. Procurava-o em sonhos, em pensamento e ele ficou comodamente em sua posição; não veio atrás dela em momento algum.

Começou a se indagar o óbvio:

"Por que Dario não ficou mais um tempo na festa para constatar se eu estava mesmo com Miguelito? Seria a atitude mais firme, mais adulta, após tanto tempo separado dela, e não a de fugir, como um moleque desesperado, causando um acidente que poderia ser fatal!

"Todos que estavam próximos, na festa, perceberam que Miguelito me forçou a beijá-lo! Dario deveria me defender, brigar por mim, mas, como já fez antes, correu, deixando-me lá. Miguelito, no momento em que sentiu que iria me perder para outro, lutou por mim", refletiu a cigana e silenciou, respirou...

Chegou bem perto de Dario e deu-lhe um beijo breve, olhando--o mais uma vez com amor, encontrando os olhos suplicantes dele, que lhe diziam para não ir, que ficasse com ele. Os olhos dourados de Dara se encheram de lágrimas, despedindo-se para sempre do homem a quem sempre amou.

Nesse instante, o pai de Dario chegou, entrou às pressas no quarto, surpreso com todas aquelas pessoas ali. Viu a cigana perto de seu filho e a reconheceu de imediato pelos olhos dourados e por sua beleza exótica, apesar dos anos passados. Consternado pelo estado do filho e indignado com a presença de Dara, o coronel Danilo olhou fixamente para ela e para o filho. Dara sustentou seu olhar até que ele desviou os olhos para Dario, que por sua vez, baixou os dele instintivamente, revelando ainda temor pela autoridade paterna. Paralisado pelo medo, Dario não fez gesto algum para deter a mulher que amava, novamente.

Dara se retirou, silenciosamente, do quarto, sem nada dizer, seguida por Ramon, Helena e irmã Lúcia. Dario chorava, sentindo-se perdido.

Nos corredores do hospital, Dara se despediu, serenamente, mais uma vez, da amiga querida irmã Lúcia e de dona Marina.

Dessa vez, Dara não saía da vida de Dario humilhada. Pelo contrário: sentia a alma leve e livre; a cigana forte, que sempre foi, se levantava...

Os três: Ramon, Helena e Dara, dirigiram-se abraçados para o carro, de volta ao acampamento, sentindo-se mais unidos do que antes, e Dara liberta do peso do passado.

CAPÍTULO XIV

Voltando ao Acampamento

Os três amigos voltavam ao acampamento cantando músicas ciganas, rindo, alegres, preparando-se para a Festa da Lua Cheia dos próximos dias. O passado deveria ficar para trás. Dara imaginava que Miguelito a esperava no acampamento; não era indiferente ao seu charme.

Miguelito aguardava impaciente por eles, ainda desperto. Estava desconcertado, não conseguiu, como planejara, sair à noite anterior com alguma mulher *gadjé* para se divertir. Isso só poderia significar que estava amando Dara e que ela não poderia ser daquele homem da festa. Considerava-o um fraco, um *gadjé* burguês, riquinho, mimado.

Estava indiferente ao sofrimento de Estelita, que também não dormiu e chorava, desesperada, na tenda de sua família, com medo de ser banida da tribo e pelo amor que supostamente havia perdido.

Seus feitiços não penetravam em Dara e Miguelito; eles possuíam defesas espirituais, o "corpo fechado", mas, mesmo assim, teimosamente, ela relutava em aceitar uma derrota. Seu orgulho estava ferido, parecia uma criança perdida. Temia se abrir com sua mãe e ser castigada. A mãe era analfabeta e muito rígida, não aceitava esses "deslizes" de conduta, e Ramon não permitia, ali, magia para o mal.

Se fosse banida da tribo, para onde iria? Seus pais gostavam do comando de Ramon, sentiam-se seguros. Só nesse momento percebeu o quão ainda era menina, quão pouco sabia da vida.

Nesse estado de solidão, sem conseguir dormir, sentou-se, chorosa, perto do palco da festa. Foi encontrada por padre Anselmo, que aguardava o retorno dos amigos e que também não conseguia dormir, preocupado. Ele se aproximou amigavelmente da jovem, expressando-se com palavras ternas. Ela sentiu confiança nele e desabafou toda a sua mágoa, a paixão não correspondida por Miguelito, a magia que fez para separá-lo de Dara. Estelita sabia que ele guardaria segredo de confissão.

Padre Anselmo a ouviu durante um tempo. Constatou as falhas que existiam nos costumes daquele povo com suas tradições: o casamento aos 13 anos, imposto pelos pais, que causava infelicidade a muitas jovens que desejavam ter uma formação universitária e se casar mais tarde, ou nem casar, como o caso de tantas que eram banidas dos grupos por não se sujeitarem a essas regras retrógradas. O padre percebia que Estelita possuía uma grande inteligência, entusiasmo pela vida, anseio de liberdade. Por isso, aconselhou-a a continuar no acampamento, desculpar-se pelo que fez, comprometer-se a ser mais responsável. Helena poderia ajudá-la a estudar, a ter uma formação.

"Estelita recebia pouca atenção dos pais e por isso enveredava por caminhos tortuosos; eles não a orientaram para a vida. Estelita nem conhecia os próprios potenciais", pensava o padre. "Se lhe permitissem estudar, conhecer pessoas de mentes mais abertas, não perderia tempo com esses artifícios destrutivos e usaria a inteligência de forma positiva."

Tranquilizou Estelita, dizendo que intercederia a seu favor junto a Ramon e Helena. Ela não seria expulsa do grupo, mas não deveria mais usar magia para o mal. Lembrou-lhe que o mal desejado ao outro volta para cima da pessoa que o desejou.

Estelita ficou aliviada com os conselhos que o padre lhe deu e se dispôs a tentar ser amiga de Dara. No fundo, ela sabia que Dara não tinha culpa por ela ter perdido Miguelito nem por sua infelicidade.

Considerava Miguelito o cigano mais charmoso que já havia aparecido por lá, o mais refinado, mais viajado, mais engraçado, mais rico... mais tudo. Seu corpo despertava para a sexualidade e ela o desejava quase que o tempo todo. "Como faria para se conformar?", perguntava-se. Não havia ali rapaz algum que a interessasse. Teria de pedir a Helena que intercedesse a seu favor e fosse estudar fora. Ser atriz era um sonho que sempre acalentou.

Se ficasse ali, seria obrigada a casar e casar aos 15 anos significava perder a liberdade, desistir dos sonhos. Sua mãe não lhe servia de exemplo: tinha 30 anos e parecia uma velha, sempre cansada, apática, não se interessava por novidades, era semianalfabeta, só procriava.

O pai, por sua vez, era ferreiro, tendo aprendido com Ramon a arte de fazer panelas de ferro e bronze. Nunca se interessou por outras coisas. Ele quase não falava com ela, como se ela não existisse. Sempre com ar entediado, ambos, pai e mãe, não tinham objetivos na vida.

Por outro lado, percebia o quanto o acampamento em que vivia era próspero, comparado a outros das redondezas. Em um desses, pobre e sujo, em que buscou "ajuda" para fazer a magia de separar Dara de Miguelito, os ciganos eram praticamente miseráveis: as mulheres jogavam cartas, liam as mãos nas ruas ou esmolavam; os homens viviam à custa delas, drogavam-se, roubavam. Depois de ter "encomendado" o "trabalho" nesse acampamento, Estelita ficou desnorteada. A consciência lhe pesava, mas a teimosia por possuir Miguelito, a atração por ele, era mais forte do que tudo.

Após a conversa com padre Anselmo, percebeu que tinha outras opções para se salvar daquela vida que sua mãe e outras mulheres aceitaram viver: estudar, ter uma carreira, conhecer outras pessoas, os *gadjés*. Foi condicionada a evitar os *gadjés* desde pequenina, mas padre Anselmo era um homem bom e um *gadjé*, assim como irmã Lúcia. Outros deveriam ser bons.

A volta para o acampamento

O clima entre os três amigos era de alegria até que Ramon elogiou Miguelito por tomar Dara nos braços, na noite anterior, e criticou Dario, dizendo que ele fugiu covardemente. Estava tão empolgado que não percebeu que falava demais, ultrapassara limites, mexera na ferida de Dara ainda por cicatrizar. Helena o cutucava, mas ele continuava exaltando os feitos de Miguelito, diminuindo Dario, magoando Dara.

Dara foi silenciando, silenciando, entrando em uma introspecção profunda, recolhendo-se em sua concha psíquica de defesa. Não disse mais uma palavra. Não queria admitir a si mesma que pensava igual a Ramon.

Temia envolver-se novamente, conhecia alguma coisa a respeito do coração dos homens e intuitivamente conhecia o coração de Miguelito, sua formação machista de homem cigano.

"Ele a levaria para onde quisesse, iria cobri-la de joias e belas roupas, lhe seria fiel durante um tempo, mas quando se cansasse da rotina do casamento, buscaria outras mulheres para ter como amantes. Isso era permitido para os homens ciganos."

Miguelito era conservador com alguns costumes os quais Dara não aprovava: deixava os filhos de seu segundo casamento aos cuidados de sua mãe e de empregados, só lhes garantia o sustento e o apoio material, mas não o afetivo. Dara recebeu toda a atenção de seu pai, sempre presente com ela, enquanto viveu. Ela queria ter um marido constantemente ao seu lado.

Uma vez casada com Miguelito, deveria assumir os enteados enquanto Miguelito viajaria, visitaria acampamentos ciganos, mulheres da sociedade. E ela ficaria à espera dele, lidando com as carências, os problemas dos filhos... Isso não lhe parecia justo: seria como entrar em uma prisão dourada. E, se contestasse as ordens do marido, um conhecido mulherengo, ele teria direito de gritar com ela, puni-la como bem entendesse. Não, já havia sofrido muito e não queria mais se decepcionar. Queria ser respeitada.

O fato de Dara ser filha de cigano legítimo e mãe *gadjé* fazia com que pensasse diferentemente das mulheres das tribos por onde passasse: não concordava com a submissão absoluta da mulher para com o marido, desejava uma relação de companheirismo, como o de Ramon com Helena, de seus pais adotivos, Manuel e Maria, e alguns outros casais ciganos que conheceu.

Decidiu que não daria esperanças a Miguelito, deixaria o acampamento logo ao despertar. O caminho ficaria livre para Estelita e ela continuaria só. Chegaram ao acampamento e, como era de se esperar, Miguelito estava na entrada, esperando-os, com o ar exausto de quem passou a noite em claro. Veio ao encontro deles, no carro, com olhar esperançoso. Saudou Ramon e Helena e, quando olhou para Dara, encontrou um olhar frio, hostil, da cigana para ele. Sentiu um tremor de medo percorrer todo o seu corpo. Pareceu diminuir de tamanho ante aquele olhar, glacial, distante... Ficou sem fala.

Dara desceu do carro sem lhe dizer uma palavra, e correu para sua tenda, soltando o pranto que conteve durante a viagem, lembrando do olhar amedrontado de Dario em direção ao pai, no hospital. Essa cena fez com que ela perdesse a esperança. Seu mundo agora parecia vazio, sem sentido, e mesmo a busca por sua mãe já não tinha tanta importância.

"E se encontrasse minha mãe e ela me rejeitasse mais uma vez?", perguntava-se Dara, com pena de si mesma. Sua mãe a rejeitara ao nascer e esse sentimento a acompanhou por toda a sua existência. Tremeu de medo e desamparo.

Adormeceu, de cansaço, com tristeza na alma.

Acordou horas depois com Helena, deitada ao seu lado, acariciando seus cabelos, falando com ela docemente, como uma mãe carinhosa. Dara ficou abraçada a ela alguns minutos. Sentia que Helena entendia o que ela estava passando. E entendia mesmo: após todos esses anos, lidando com o povo cigano, conhecia bem seus defeitos e qualidades. Helena se sentia felizarda por Ramon ser diferente da maioria: em grande parte era por mérito seu, que o ensinou a transformar alguns aspectos que a desagradavam.

Helena também aprendeu com ele e lhe ensinou outros costumes trazidos de sua cultura, que ele aprendeu a respeitar. Para Helena, só Dara conseguiria corrigir Miguelito, com sua força e inteligência.

Miguelito admirava Dara há tempos, pela *kaku* que ela era, por seu conhecimento de plantas medicinais e de curas. Havia poucas mulheres "*kakus*" entre os ciganos e Dara era conhecida e respeitada, famosa como curandeira e sensitiva até no exterior. E estava perdidamente apaixonado por ela. Helena a aconselhou a se casar com Miguelito e torná-lo um homem melhor, usar o conhecimento que possuía para ser vitoriosa nessa luta. Nunca vira Miguelito tão triste, arrasado, com o desprezo de uma mulher por ele. Ele a havia procurado para desabafar sua angústia ao ser repudiado por Dara; "estava com os olhos vermelhos de tanto chorar por você".

"Dara, você 'soluciona' a vida das pessoas e não a sua? Vai sempre fugir do amor, ficar sozinha vagando por aí?", Helena perguntou.

Suas palavras penetraram no coração de Dara: ela se sentia tão só, solta no mundo, queria ter a companhia de um homem. Era triste viajar sozinha, enfrentar preconceitos, ciúme de outras mulheres. Estava cansada, sempre se desapegando, se mudando; colocando-se à margem, não se sentia parte das famílias ciganas: passava da idade das mulheres ciganas de se casarem. Tantos anos esperando por Dario, presa à ilusão desse amor.

Desabafou sua dor a Helena, que a ouviu, com compreensão e respeito.

Helena pediu que ela desse uma chance a Miguelito, que conhecesse melhor seu íntimo: homem bom, próspero, generoso com os irmãos. Estava tão apaixonado por Dara que se transformaria por ela, Helena confiava nisso.

Dara lembrou-se de seus pais adotivos, Maria e Manuel. Maria ensinou a ele muitas coisas de sua cultura *gadjé*, com tato e delicadeza, como Helena lhe orientava usar com Miguelito. Dara lembrava o que sua mãe Maria dizia:

"Sem perceber, Manuel, outrora rude, foi se moldando a mim, pedia meus conselhos para as decisões mais importantes. Introduzimos, nos acampamentos onde vivemos, outros costumes, trazidos da boa educação que recebi de minha mãe *gadjé*". Não existia mendicância nem consumo de drogas nos acampamentos liderados por Manuel. Havia higiene, organização, respeito entre eles. Ele se tornou um líder-modelo, respeitado pelos ciganos, um personagem que entrou para as lendas ciganas como um herói.

Maria deixou sua família por ele e nunca se arrependeu. Amaram-se sempre, morreram juntos. O amor desse casal trouxe esperanças a muitos corações, relatado nas histórias. Dara era grata por tê-los como pais, lembrando desse exemplo de amor e transformação. Mais calma, ela disse a Helena que aceitaria um encontro com Miguelito naquela noite.

O entusiasmo juvenil, o coração disparando pela emoção que antecede um encontro, ressurgia em Dara com força; a sensação de ser desejada!

Helena saiu da tenda feliz pela alegria da amiga. Daria a boa notícia a Miguelito e em seguida conversaria com Estelita. Prometeu a Dara que não baniriam Estelita, mas esta teria de se comprometer com uma mudança de comportamento dali para a frente. Dariam uma segunda chance à jovem. Helena a convidaria para ser sua auxiliar na administração do acampamento, para ficarem próximas. Avaliaria seu potencial e a manteria bem ocupada.

Ramon aprovava suas ideias progressistas. Helena adorava trabalhar pelo bem de seu povo, era infatigável na luta para ter uma vida melhor.

Miguelito a aguardava, ansioso pela resposta de Dara sobre o encontro com ele. Quando Helena disse que Dara aceitou o encontro, tremeu de emoção. Mesmo assim, ainda temia ser rejeitado...

Encontraria Dara no refeitório, antes da festa – um local público para evitar falatórios e conversariam, conforme Helena aconselhou. Iria devagar, mas estava ansioso por vê-la, falar com ela antes da festa. Foi à sua tenda. Aproximou-se cautelosamente, curioso para vê-la, mesmo que por detrás dos panos.

Nesse instante, Dara passava suavemente um óleo perfumado em seu corpo, preparando-se para o encontro com ele. Fazia o Ritual de Beleza dos ciganos: se automassageava com óleo perfumado que ela mesma preparava. Miguelito viu sua silhueta através dos panos da tenda, o contorno de seu corpo esguio, de seus seios fartos. Desejou-a como nunca havia desejado uma mulher. Queria rasgar os panos da tenda, dominá-la, jogá-la na cama e possuí-la, acariciando seu corpo quente. Sentia que Dara era uma mulher ardente. Teve de respirar fundo algumas vezes para controlar seu membro que enrijecia, excitado. Deu a volta na tenda para dar a impressão que estava chegando naquele instante, mas arfava de excitação, tentando disfarçar a custo sua voz trêmula.

Chamou por ela, controlando o tremor da voz:

"Dara, você está bem? Vamos nos encontrar no cair da noite?"

Não encontrava mais palavras, sentia-se um tolo, um garoto, perto dela.

"Sim, no refeitório, às 18h30", ela respondeu meio seca.

Ele se sentia decepcionado com a receptividade dela. Acostumado a ganhar, afastou-se, buscando justificativas para o modo como ela respondeu.

Na verdade, Dara lhe deu uma resposta curta para disfarçar o tremor e a excitação que sentia. Percebeu Miguelito observando-a por trás dos panos da tenda e seu sexo umedeceu de prazer. Depois que ele se afastou, Dara tocou-se intimamente, gemendo, desejando ser de novo penetrada.

Por sua vez, ele recuperava a autoconfiança. Faria amor com ela como nunca fez com nenhuma mulher. E ela sentiria um prazer que nunca sentiu com Dario. Miguelito era um amante experiente, teve muitas mulheres.

Ele experimentava um sentimento novo por Dara: um misto de amor físico com amor paternal. Queria proporcionar-lhe segurança, aconchego.

Com Dara, seu lado menino, inseguro, vinha à tona: não conseguia dominá-la, era diferente das outras. Ela falava pouco, expressava-se com o olhar e ele teria de estar atento aos "sinais" para agradá-la.

Miguelito se preparou para o encontro. Tomou um banho, perfumando-se com uma água de colônia cara, penteou o cabelo com gel, vestiu uma calça preta, justa, de dançarino de flamenco que moldava seu corpo musculoso; uma camisa branca, de cetim, mangas largas e compridas, aberta no peito, mostrando o tórax forte; uma corrente de ouro, pendurada no pescoço; nas duas orelhas, brincos de argolas pequenas e um lenço vermelho na cabeça; na cintura, uma faixa vermelha de cetim; sapatos pretos, de bico fino; nos olhos, lápis preto contornando-os. Estava esplêndido. Sorriu, satisfeito com sua imagem que fazia tanto sucesso com o sexo oposto!

Dirigiu-se com seu andar gingado, para o refeitório; passou por dentro de um círculo de moças reunidas, que bloquearam seu caminho: pediu licença, sorrindo-lhes sedutoramente, arrancando suspiros de prazer e olhares indiscretos, ante a visão do homem viril. Quando passava entre elas, sentiu uma mão em sua nádega musculosa, que uma delas ousara tocar, o que o deixou mais envaidecido. Sorriu novamente, acenando, alegre como um adolescente, e foi para o refeitório, aguardar a chegada de Dara.

Enquanto isso, duas crianças terminavam de pentear os longos cabelos de Dara. Ela deveria, segundo o costume cigano de "conquista", deixar Miguelito esperando por alguns minutos. Seus longos cabelos acobreados e dourados brilhavam, em suaves ondas, até a altura dos quadris. Uma grande rosa vermelha, presa atrás da orelha direita, brincos grandes, de argola dourados, simbolizando a sedução, destacava o rosto sensual. Os grandes olhos dourados estavam maquiados com lápis preto; um brilho incolor realçava a boca carnuda; uma blusa branca com mangas bufantes decoradas e rendas brancas, ombros à mostra, decote discreto, deixava ver o começo dos seios fartos; usava uma longa saia florida rodada, com uma faixa de cetim modelando a cintura fina; nos pés, uma sandália vermelha com sininhos costurados nas tiras, para tilintarem na hora da dança.

Estava simples, feminina e linda. As crianças exclamavam, em coro, saltitando, felizes: "Princesa Dara, princesa Dara!".

Dara ria feliz, com a alegria das crianças em volta dela! Sentia um tremor interno, medo misturado com o prazer da sedução. Dirigiu-se devagar para o refeitório, rodeada pelas crianças, que gritavam maravilhadas com sua beleza: "Princesa Dara, princesa Dara"!

O mesmo grupo de jovens, que suspiraram à passagem de Miguelito, a aguardava. Estelita estava entre elas. Quando ela passou por elas, todas sorriram, entre enciumadas e felizes pela alegria de Dara, a quem admiravam. Dara lhes retribuiu sorrindo, timidamente. Olhou para Estelita com doçura. Estelita retribuiu o olhar dourado e generoso com um sorriso malicioso.

Dara continuou seu percurso, sentindo aos poucos mais confiança em si mesma. Lembrou-se das palavras de irmã Lúcia, a respeito de Jesus, quando dizia: "Não há o que temer, pois estou contigo".

Capítulo XV

Encontro de Dara e Miguelito

Dara estava 30 minutos atrasada, mas, para Miguelito, que a aguardava ansioso, pareciam muitas horas. Ouviram-se as vozes, o riso das crianças aproximando-se e ele e os irmãos presentes souberam que Dara estava chegando. A notícia do encontro havia se espalhado. As crianças entraram gritando: "princesa Dara, princesa Dara"!

Dara entrou logo depois, de cabeça baixa, mostrando o recato esperado das moças ciganas.

Ouviu a exclamação de admiração que sua presença provocou no ambiente, e levantou a cabeça, olhando direto nos olhos de Miguelito, que a olhava encantado, com lágrimas de emoção nos olhos, paralisado ante a visão encantadora da cigana! Todos ficaram boquiabertos por alguns instantes, até padre Anselmo, que compartilhava do sentimento fraterno de todos os presentes.

Foi padre Anselmo quem reagiu primeiro, quebrando o silêncio, saudando-a, surpreso com as próprias palavras:

– Bem-vinda, princesa Dara!

Todos juntos saudaram-na, levantando os copos de vinho:

– Bem-vinda, princesa Dara!

Miguelito aproximou-se dela, beijou suas mãos perfumadas e macias, emocionado com a proximidade. Havia uma energia poderosa e amorosa a envolvê-los. Sentiu que ela tremia, que essa energia a envolvia também e seu coração se encheu de esperança.

Passado o momento inicial, Miguelito não sabia o que fazer, novamente se sentindo uma criança diante de uma mulher poderosa. Tentou falar, mas gaguejou. Padre Anselmo, mais uma vez, salvou a situação, convidando-os a se sentar e comer com todos. Não puderam ficar a sós, conforme ele desejava. Esses momentos deveriam ser compartilhados com os irmãos ciganos.

O jantar transcorreu alegre, animado: comeram pães, carnes assadas, frutas e vinho. Sem que se dessem conta, em um dado momento, Dara viu-se conversando animadamente com Estelita, como antes, ouvindo histórias do povo cigano que a jovem contava tão bem!

Miguelito, de frente para Dara, na mesa, não tirava os olhos dela, durante o jantar: seu olhar fogoso revelava o quanto a desejava! Não prestava atenção na conversa do padre Anselmo, sentado ao seu lado; apenas respondia-lhe evasivamente, distraído.

Estelita percebeu a intensidade do desejo de Miguelito por Dara e pensou em desistir de tentar seduzi-lo! Ela não era páreo para a cigana! Por diversas vezes, durante o jantar, encontrou os olhos de Helena sobre ela, advertindo-a, recordando-lhe a conversa que tiveram naquela tarde, seu comprometimento de transformar sua vida, estudar, deixar Dara e Miguelito em paz. Estelita confiava que Helena a auxiliaria a crescer, a se realizar... Queria estar de novo em harmonia com todos, mesmo com seus pais, que tinham suas limitações, mas a amavam, como Helena lhe dissera.

Em determinado momento, as crianças a levaram para fora do refeitório, para que lhes contassem uma história.

Dara não pôde mais fugir do olhar de Miguelito: encarou-o, insinuando-se, com os olhos naquele momento esverdeados, afogueados pelo vinho que escancarava a fera enjaulada em seu interior, que queria ser solta. Ambos estavam excitados, os rostos avermelhados, pegando fogo.

Dara, para se desvencilhar do ataque de sedução que ele lhe lançava, começou a conversar com outras mulheres, falar de trivialidades que nem lhe interessavam. Percebia os olhos dele sobre ela, possessivos, de quem se sente dono do outro, o que a excitou. Ele nem procurava mais dissimular: media seu corpo esguio com o olhar, devorava-a com os olhos. As pessoas já haviam percebido, mas permitiam a corte do casal cigano. Isso fazia parte da magia cigana! Só não deveriam ter sexo antes do casamento se quisessem se casar naquele acampamento, onde certas tradições eram mantidas. Ele queria fazer o pedido a ela, a sós, mas não conseguiu. Temia ser recusado.

Segundo dia da Festa da Lua Cheia

As pessoas da região foram chegando, a área da festa enchendo de gente. A fama das festas de Helena se alastrava por toda a região. O acampamento ganhava, nesses dias, o suficiente para se manter uns meses no ano. Os *gadjés* confiavam na ordem que reinava no lugar. Raramente aconteciam brigas ou abusos por causa de bebidas: Ramon não permitia aproximação dos *gadjés* com as ciganas e vice-versa.

Dara esperava, na roda de mulheres, o show de Ramon começar. Miguelito estava na roda masculina, de olho nela o tempo todo, ciumento dos olhares de cobiça dos outros homens sobre ela.

Ramon e outros três ciganos abriram cantando canções espanholas acompanhados pelas guitarras, violão, pandeiro. As mulheres e as crianças, em uma roda, batiam palmas e os pés no chão, acompanhando a música. Algumas dançavam descalças, com o propósito de afugentar a negatividade do lugar e sem uma coreografia predeterminada, passaram a executar os movimentos, rodando, cantando; as saias coloridas e rodadas produziam um espetáculo de cores; os cabelos estavam soltos, esvoaçantes; algumas ciganas entravam em estado de transe, envolvidas pelos movimentos.

Em determinado momento, os pares se aproximavam, com a música animada e a voz máscula de Ramon entoando as canções. Miguelito e e Dara deram um show de dança. Ele, um exímio dançarino de flamenco, percorria com seu olhar viril as mulheres da plateia para fixar em Dara seus olhos ardentes; ela, feminina, sensual, cabelos brilhantes, soltos, envolvendo-se de corpo e alma na dança, nos movimentos. Seus corpos se tocavam em determinados movimentos... Ele pronunciava palavras no ouvido dela, que a deixavam vermelha: promessa de momentos de sexo e paixão. Ela se soltava suavemente de seus braços fortes, rodando, se envolvendo, até que entrou em transe, indo para seu mundo secreto, espiritual. Dara via seu pai, o cigano Ígor, sua mãe, Maria, e seu pai adotivo, Manuel, que lhe sorriam, felizes; sentiu dois braços fortes a puxando de volta, para o presente: eram os braços de Miguelito, que a traziam de encontro ao peito másculo e suado.

Sentiu-se protegida por ele. Ficaram abraçados alguns instantes e se beijaram, arrebatadora e apaixonadamente. Um fogo percorreu os corpos colados e ela se rendeu à força viril do cigano, que mordia suavemente seus lábios, arrancando-lhe suspiros de prazer. Estava difícil se recompor, mas voltaram à realidade, suspirando, com os rostos afogueados.

Em seguida, Miguelito pediu a todos silêncio, pegou o microfone, dizendo que faria um anúncio. Os ciganos aguardaram em silêncio.

– Desejo pedir a princesa Dara em casamento... Princesa Dara, quero te fazer a mulher mais amada, mais linda, mais feliz do mundo. Quer se casar comigo?

O pedido a surpreendeu, tamanha a rapidez com que tudo acontecia, emocionada por ser chamada de "princesa" por um homem lindo e desejado.

Dara não conseguiu responder prontamente. O silêncio dela, mais uma vez, o desconcertou. Sentiu-se menino de novo. Olhava para os lados, nervoso, procurando apoio dos amigos. Helena, percebendo o constrangimento, subiu no palco onde Dara estava, tocou em seu ombro e disse em seu ouvido:

"Dara, Miguelito está lhe propondo casamento, querida".

A voz de Helena despertou Dara do torpor em que se encontrava.

"Sim, Miguelito, eu serei sua mulher."

Todos suspiravam, aliviados, rindo. Miguelito já suava de medo e quando ouviu o "sim" soltou um grito de alegria, erguendo Dara em seus braços. Depois, os homens ciganos se aproximaram dele e abraçaram-no, erguendo-o nos braços, todos juntos; as mulheres se aproximaram de Dara, todas se abraçando, compartilhando da alegria do casal cigano.

A festa continuou mais alegre: todos, mesmo os *gadjés*, eram convidados a dançar nas rodas. O casamento foi marcado para um mês depois. Padre Anselmo não cabia em si de contente: correu a telefonar e contar a boa notícia a irmã Lúcia, que chorou de emoção e de alegria por sua amiga, que agora teria um companheiro para ampará-la.

Na manhã seguinte, Miguelito quis tratar da cerimônia de casamento com a futura esposa: desejava uma rica festa, que durasse três dias e três noites, com convidados do mundo todo, mas Dara se opôs com firmeza a uma cerimônia luxuosa de casamento. Miguelito não se conformava, sentindo-se afrontado por uma mulher. Mas disfarçou sua indignação, desejava ardentemente ter Dara em seus braços e só conseguiria da maneira que ela queria.

CAPÍTULO XVI

O Ritual de Dara

Miguelito, escondido na mata, aguardava para espiar o ritual sagrado da mulher por quem estava perdidamente apaixonado. Ansiando por ver o lindo corpo curvilíneo, os seios fartos, o sexo peludo, não depilado, coberto com pelos acobreados. Fascinado com a visão da mulher nua, ousava profanar um ritual sagrado, em um lugar dos *kakus*. Seu desejo por ela crescia a cada instante.

Para ele, Dara era a mais linda cigana que existia e a mais corajosa: adentrava na mata sozinha em busca das plantas medicinais que utilizaria em suas garrafadas e remédios fitoterápicos. Recebia força e poder em seus rituais.

Naquele dia, como ela sempre fazia em seus rituais, dirigiu-se ao riacho de águas cristalinas, despiu-se e banhou-se nas águas límpidas e frias. Depois, deitou na areia e secou-se com os raios de sol que penetravam entre os galhos das árvores, entoando cantos e palavras sagradas reservadas aos *kakus*.

Finalizou o ritual massageando seu corpo com o óleo perfumado de flores do campo. Seu corpo estava impregnado por esse aroma.

Um barulho estranho em um arbusto chamou-lhe a atenção: com seus sentidos mais alertas, por causa do ritual, sentiu que seu homem estava por perto, desejando-a, mas não podia se revelar no local sagrado, nem uma *kaku* poderia revelar que sabia de sua presença. Mas, antes de tudo, era uma mulher. Seus desejos há anos adormecidos acordavam, sentiu seu sexo úmido, excitada por estar sendo observada. Provocou-o massageando suavemente seus seios, deslizando suas mãos pelas coxas e nádegas roliças, tocando seu sexo, até que explodiu em um orgasmo que há tempos continha, arfando, ruidosamente, sem pudor.

As caminhadas na floresta

Descalça, com passos firmes e ligeiros, acostumada a longas e solitárias caminhadas, Dara se retirava para a mata próxima do acampamento diariamente, durante algumas horas, colhendo as plantas que usava nos tratamentos aos enfermos para produzir as "garrafadas" de plantas medicinais, os "emplastros" e as pomadas que utilizava nas curas. Possuía a intuição que a atraía às plantas locais para a cura das doenças. Conhecia os locais de força, sagrados, exclusivos dos *kakus*, que os demais ciganos nem ousavam penetrar, sob o risco de, se descobertos, serem banidos da tribo.

Miguelito ousou espiá-la em alguns rituais, mas a consciência lhe pesava. Mesmo sendo amigo de Ramon, não seria poupado de uma punição; por isso, deixou, por alguns dias, essa prática. Sentia falta de Dara, que voltava horas depois, ia para sua tenda, a fim de preparar os remédios, os unguentos, as pomadas; almoçava e atendia os enfermos até o final da tarde, tomava banho e jantava. Essa era sua rotina, em qualquer lugar onde vivesse. E continuou assim, após aceitar o pedido de Miguelito. Não falava a respeito dos preparativos para o casamento. Dara queria uma cerimônia simples, de um dia de duração, com poucas pessoas presentes. Esse desejo dela tirou seu sono.

Miguelito queria ver Dara vestida como uma princesa: um vestido branco bordado com rubis, um véu longo que cobriria sua cabeça, também bordado com rubis e lindas joias para complementar o vestuário.

Foi assim com seus dois casamentos anteriores: proporcionou uma cerimônia majestosa às noivas; elas se ocuparam com os preparativos durante um ano inteiro. E Dara, um mês antes, nem falava no assunto.

Pediu para Helena falar com a cigana, sentia-se desprezado com o comportamento da noiva. Temia ser abandonado antes do casamento, uma desonra a ele como homem. Estava apaixonadíssimo, pela primeira vez em sua vida, por uma mulher forte, independente, diferente de todas que conheceu. Dara representava um desafio que o excitava.

Miguelito era um comerciante progressista que herdara o talento para vendas de sua mãe, a cigana Carmem, que, por sua vez, herdou de seu avô. A mãe vendia qualquer coisa. Era persuasiva, dominava o comprador. Ele herdou sua habilidade comercial.

A cigana Carmem possuía o dom das vendas, adorava dinheiro, nunca se interessou pela cartomancia e pela magia como muitas ciganas: sempre acompanhou seu pai, o cigano Castilho, no comércio da venda de cavalos, quando tal prática era comum entre os ciganos, e, posteriormente, na venda de carros importados. Era uma mulher elegante, atraente. Trabalhava com vendas somente quatro horas diárias; nas outras horas de seu dia, fazia ginástica, massagem, cuidava da pele e namorava. Tinha diversos pretendentes, geralmente homens jovens. Era uma mulher segura de si, admirada na alta sociedade. Conhecia e utilizava seus dons para prosperar. Usava seu "olhar de fogo" nos negócios. Os argumentos para uma venda simplesmente fluíam de seus lábios com facilidade; não aceitava um "não". Acumulou fortuna, mas mesmo assim não se tornou uma cigana sedentária: morava tanto em mansões espetaculares quanto em acampamentos ciganos. Doava grandes somas aos acampamentos, era consultada para a maioria das decisões pelos *Barôs* das tribos. Autoritária, crítica, era amada e odiada por muitos irmãos. Amava seu filho Miguelito e seus netos acima de qualquer coisa.

Foi abandonada pelo marido, que fugiu com uma cigana de 16 anos; atualmente, o marido e a esposa viviam como *gadjés* pobres (uma vez que era ela quem ganhava) e banidos das tribos, por influência dela.

Quando recebeu a notícia do casamento do filho Miguelito com Dara, que aconteceria em breve, sentiu-se apreensiva: conhecia a história de Dara e pressentia que a cigana daria trabalho. Ficou contrariada ao saber que Dara queria uma cerimônia simples, prática incomum entre eles, em que a sogra decidia praticamente a maioria dos detalhes, inclusive o modelo do vestido e a compra das joias que a noiva usaria.

Os filhos de Miguelito, Diogo e Safira, também estavam apreensivos, não sabiam o que esperar da futura madrasta. Viviam com a avó, distantes de seus pais, eram carentes e submissos a ela. Eram dois jovens bem-comportados, de boa educação, tiveram professores particulares que lhes garantiram uma bagagem cultural à altura de suas posições sociais.

Carmem era a autoridade máxima na família, não admitia ser contestada – e Dara já contestava uma tradição... Miguelito aceitava os desejos da noiva de fazer uma cerimônia simples de casamento e sem consultar sua mãe.

Carmem nem imaginava, mas Miguelito estava muito preocupado com o aparente "descaso" de Dara em relação ao próprio casamento. Concordou a contragosto realizarem um ritual de um dia de duração para ganhar pontos com Dara, mas no íntimo preferia uma cerimônia de luxo e que a noiva participasse dos preparativos. Dara nada dizia e os dias se passavam.

Novamente Helena teve de interceder a favor de Miguelito, apesar de não querer interferir no modo de ser de Dara, cuja indiferença à cerimônia de seu próprio casamento Helena também não entendia.

Dara era introspectiva, fazia parte de sua natureza, fechou-se para sobreviver às perdas sofridas e, para se abrir com alguém, era preciso chegar nela com carinho. Com Helena, Dara se sentia à vontade. Confessou que agia assim para se preparar para viver com Miguelito. Queria que ele a aceitasse livre e simples, que respeitasse seus momentos de silêncio e solidão sem se sentir atingido, que acatasse suas escolhas. Afinal ela era a noiva e queria uma cerimônia simples, de acordo com sua maneira de ser.

Depois de casada, Dara queria continuar a ser uma *kaku*, a trabalhar com curas, onde quer que morassem, e Miguelito teria de aceitar. Do contrário, não seriam felizes. Dara via nas cartas grandes obstáculos que teriam de enfrentar para terem uma vida de casal harmoniosa. Sentir-se livre, para a cigana, era tão importante quanto o ar que respirava. Miguelito precisava entender isso antes do casamento.

Helena a compreendeu, mas teve dúvidas quanto à compreensão e aceitação de Miguelito. Pedia a Deus que colocasse as palavras certas em sua boca para transmiti-las ao amigo cigano. Helena aprendeu com os *kakus* a equilibrar a respiração para modificar o estado de espírito, quando se encontrasse preocupada. Respirou profundamente e devagar algumas vezes, soltando o ar vagarosamente. Assim, concentrou-se na tarefa que tinha. Quando sentiu que seu coração batia com tranquilidade, foi ao encontro de Miguelito, no refeitório, onde ele aguardava Dara para jantarem.

Helena explicou-lhe como ele deveria proceder com Dara: chegar ao seu coração e conquistar-lhe a confiança, procurar conhecer a noiva profundamente, descobrir o ser humano generoso e belo que existia em seu interior. Deveria ouvir Dara, aconselhar-se com ela, interessar-se por ela, atender seus pedidos simples de serem atendidos. Dara só queria continuar a fazer o que sempre fez: cuidar das pessoas, sentir-se útil e livre.

E concluiu dizendo que ele e Dara deveriam se libertar das lembranças do passado, que confiassem um no outro.

Miguelito entendeu que as lembranças do passado se referiam ao ciúme que ele sentia do amor de Dara por Dario. Percebia haver uma ligação entre eles que não entendia, seu orgulho de homem estava ferido, queria ser melhor que Dario em tudo, competia com ele. Considerava Dario um fraco e, mesmo assim, sentia que perdia para ele. Estava acostumado a ganhar e amava Dara. Tentaria se moldar à futura esposa.

Naquela noite, no refeitório, conversaram amigavelmente. Ele se interessou por saber como foi o dia dela e ela o dele. E, no transcorrer da conversa, disse-lhe palavras de carinho, que a cerimônia de casamento seria de acordo com o gosto dela. Os olhos de Dara se encheram de lágrimas, agradecida diante dessa demonstração de respeito por ela. A luz da esperança brilhou em seus belos olhos, sentindo seu coração mais próximo ao do futuro esposo. Dara pediu a Helena para cuidar da organização da festa, confiava em seu bom gosto e não queria parar com as próprias atividades do dia a dia. Helena concordou, comovida diante da confiança de Dara.

Naquela noite, os noivos se despediram com um longo e apaixonado beijo. Miguelito dormiu sonhando com o dia em que a teria para si.

Na manhã seguinte, bem cedinho, Dara se dirigiu, feliz, à mata, para colher suas plantas. Dormira bem, acordara alegre, bem-disposta, sentindo-se mais próxima de Miguelito, confiante em um futuro harmonioso com ele.

Caminhou cantando, concentrada em colher as plantas, sentindo a vibração que vinha da vegetação, adentrando mais profundamente na mata. Chegou ao riozinho de águas cristalinas, onde sempre se banhava, despiu-se e se besuntou da lama medicinal que existia no local. Ouviu um leve movimento nas árvores, disfarçou um sorriso malicioso. Estendeu-se, ao sol, aguardando a lama penetrar em sua pele. Após alguns minutos, mergulhou e retirou toda a lama, que envolvia todo o seu corpo, deitando nua para se aquecer com o sol. Ergueu os braços para cima, murmurando para si algumas palavras de poder, reservada aos *kakus*, vestiu-se e retornou ao acampamento.

Miguelito esperava por ela na entrada: saudou-lhe apaixonadamente, com um abraço apertado, beijando sua mão e sua boca. Dara sentiu seu membro enrijecido quando a abraçou e isso a excitou. Também não via a hora de ser penetrada por ele, de conhecer a fundo o amante fogoso. No banho daquela manhã no rio, mais uma vez, sentiu-se excitada. Antes de conhecer Miguelito, não lhe ocorria isso nos lugares sagrados dos *kakus*. Ele a espiava, escondido, em seus rituais da mata, e ela sentia enlouquecer de prazer.

Miguelito a acompanhou nas visitas aos doentes, assistiu-a preparar os remédios, interessou-se por tudo que fazia, não a deixou um minuto naquele dia. À noite, ao se despedirem, suas mãos acariciaram seus seios, ousadamente. Foi difícil soltar-se dos braços dele, mas eles sabiam que as senhoras da tribo estavam observando e precisavam cumprir as regras.

Naquela mesma noite, uma senhora foi designada a fazer companhia a Dara, na tenda, até o casamento. As senhoras devem ter requisitado essa medida a Ramon, concluiu Dara. Percebiam como Miguelito e ela estavam ousados e queriam preservar a noiva para a noite de núpcias.

Padre Anselmo regressa

Padre Anselmo despediu-se dos amigos, com o coração apertado. Precisava voltar à sua paróquia, pois necessitavam dele. Abraçou Dara como um pai o faria. A cigana conquistara-lhe o afeto, não se esqueceria dela. Não poderia comparecer ao casamento e nem irmã Lúcia, por não poder se ausentar do orfanato. Todos se despediram do padre, emocionados; tornaram-se amigos dele e queriam que permanecesse com eles. Nesse tempo de permanência do padre Anselmo, algumas pessoas vieram confessar com ele; aprendeu um tanto a respeito desse povo de alma simples e livre, seus amigos.

Escreveu algumas histórias contadas por Estelita, fatos que os idosos relatavam; gravou canções ciganas cantadas por Ramon, Pablo e outros ciganos; conheceu o uso das plantas medicinais nas garrafadas, pomadas e emplastros com Dara; aprendeu um pouco do romanês, idioma cigano, que Ramon e Miguelito falavam com fluência. Partiu convicto de que a imagem que tinha, antes de conhecê-los, não condizia em nada com a realidade, pelo menos naquele acampamento, onde reinava a alegria, a ordem, o asseio e a harmonia; onde os idosos eram tratados com respeito e as crianças ainda viviam a infância plena; onde o líder era firme, cuidava de seus irmãos e tinha uma esposa íntegra, justa e amada por todos, uma administradora justa.

Miguelito levou o padre à cidade próxima onde iria pegar um ônibus e aproveitou para se aconselhar a respeito de Dara. Sentia-se mais otimista, pelo dia anterior passado com Dara; começava a descobrir aspectos da alma feminina que desconhecia existir: a sensibilidade aos detalhes, aos aromas, às cores, à intuição, coisas importantes para Dara, tão simples. Estava decidido a satisfazer a mulher amada e queria saber mais, ser o melhor companheiro que uma mulher poderia ter. Melhor que Dario em tudo. Como um adolescente, estava descobrindo um amor leve, bonito, ao mesmo tempo fogoso, apaixonado. Padre Anselmo divertiu-se observando seu comportamento e gostou ainda mais do cigano. Dara estaria em boas mãos. Miguelito tinha alma de criança.

O padre transmitiu-lhe um pouco de sua experiência, como confessor:

"Grande parte dos problemas dos casais", dizia-lhe o padre, "vem da interpretação errônea das palavras: a pessoa diz algo e a outra entende outra coisa. É preciso falar e entender corretamente, um aprendizado da vida toda. Evite insultar sua mulher, gritar com ela, porque Dara não aceitará tal comportamento. Ela já viveu muito tempo sozinha, é independente, ficará com você por amor, não pela segurança material que você possa lhe proporcionar".

Miguelito prometia a si mesmo se esforçar para seguir os conselhos.

Deixou o padre na rodoviária da cidade e voltou imediatamente ao acampamento, não querendo perder tempo. Chegou, trocou-se, saiu rápido, imaginando a mulher amada em seus banhos ritualísticos que ele adorava espionar. Esses banhos o excitavam tanto que correria o risco de ser flagrado.

Helena organizava a festa do casamento. A cerimônia seria simples e bonita: de um dia e meio de duração, conforme a vontade de Dara. A noite dos noivos seria no próprio acampamento, em uma tenda erguida e decorada especialmente para eles. Os rituais começariam em uma sexta-feira à noite e a festa seria encerrada de madrugada de sábado para domingo.

O vestido e as sandálias de Dara estavam sendo confeccionados na Espanha, onde havia costureiras e bordadeiras ciganas habilidosas. A mãe de Miguelito fazia questão de pagar a roupa, o calçado e a decoração que fariam.

As pessoas pensavam que Dara estava indiferente aos preparativos de seu casamento, mas se enganavam. Os antigos temores lhe voltavam, e ela escapava para os lugares de poder, na mata, para equilibrar-se, falar livremente com os espíritos, entrar nas esferas espirituais e receber inspiração. Nesses dias de convívio mais intenso com Miguelito, sentia-se sufocada, com pouco espaço para sua espiritualidade. O noivo era possessivo e materialista, um aspecto de sua personalidade que não a agradava. Por mais que evitasse comparações, admirava a sensibilidade de Dario: apesar da opulência em que nascera, emocionava-se com coisas bem simples, como brincar com as crianças do orfanato. Dario se sensibilizava também com a história de Dara; pedia-lhe detalhes, chorava com ela, algumas vezes, compartilhando o sofrimento dela. Mas não seria seu nesta vida. As cartas mostravam.

Sabia que deveria aceitar o modo de ser de Miguelito, ele tinha qualidades importantes para um homem e era cigano, como ela. Dara gostava da alegria dele, da maneira que ele tinha de contar suas histórias, mesmo as tristes, com tanto humor. Não havia quem não risse. As pessoas gostavam da companhia dele, queriam-no sempre por perto, para alegrar o ambiente. Era generoso com os irmãos e simples, apesar de tão rico. Aprenderia a amá-lo, já sentia muita atração por ele – o que era um ponto positivo para uma convivência. Sentia o desejo sexual voltando forte, quase que diariamente. Nesses banhos no riozinho, passando argila no corpo, surgiam tremores de excitação. Arrepiou-se em alguns momentos e tentou se concentrar mais, para não se desviar do ritual, mas estava difícil. Os pensamentos giravam em torno do ato sexual e das fantasias diversas; sua mente foi ficando confusa.

Naquela manhã, voltou antes para o acampamento, disposta a evitar, por uns dias, essas saídas para a mata. Miguelito esperava-a na entrada suado, arfando, com o sorriso aberto de sempre. Dara sentiu alegria ao vê-lo; era delicioso ser esperada por um homem, seu belo homem.

Correu ao encontro dele e o beijou ardentemente, excitada com o corpo suado de Miguelito, com seu cheiro de homem. Os corpos ficaram colados por alguns instantes nesse beijo, e, a custo, se distanciaram. Seus rostos estavam vermelhos, afogueados. Percebia que Miguelito havia corrido, mas Dara não lhe perguntou nada, sabia que ele a seguira na mata e isso a excitava tanto!

Quando chegou à sua tenda para se trocar, a senhora que lhe faria companhia já a aguardava: a cigana Carmelita, uma viúva cujos filhos a deixaram para se casar com *gadjés*. Raramente a visitavam. Era uma pessoa maternal e solitária, uma companhia que Dara imediatamente apreciou. Dara precisava de uma "mãe" em um momento tão importante, seu casamento.

A cigana Carmelita também gostou de Dara no instante em que a viu no acampamento, cuidando dos idosos, e quis se aproximar mais dela. Tinha a sensação de estar ligada à moça, parecia conhecê-la de outras existências. Ofereceu-se para acompanhá-la até a data do casamento, quando Helena requisitou às senhoras uma companhia para Dara, substituindo, assim, a figura materna. Carmelita tinha 65 anos e já era considerada uma anciã pelos ciganos. Silenciosa, tranquila e boa ouvinte. Sua presença era leve e isso fazia bem a Dara, que aos poucos se sentiu confiante para desabafar seus anseios a essa mulher, simples como ela, que também sofreu, amou, envelheceu e procurava preencher a própria existência. Carmelita era bordadeira. Fazia lindos bordados em tecidos e tapetes; suas peças eram vendidas nas feiras e garantiam-lhe seu sustento. Entoava lindas canções ciganas enquanto bordava, com uma voz fina e melodiosa, alegrando o coração de Dara com suas músicas. Ficavam sozinhas na tenda à noite, e, nesses momentos de troca de confidências, tornaram-se grandes amigas, ambas tendo a sensação de um reencontro de vidas anteriores. Carmelita começou a se sentir "responsável" por Dara.

Carmelita esperava por Dara, todas as noites, vigilante aos "avanços" de Miguelito em relação à noiva. Desconfiada dos homens, por causa de maus-tratos sofridos com o falecido marido, tratava Miguelito com certa hostilidade, o que não lhe passou desapercebido, indo queixar-se para Helena, que teve de usar de argumentos para apaziguar os dois, cada um querendo para si a atenção de Dara. Helena queria que Dara tivesse tranquilidade nesse período que antecedia o casamento – e teria isso. Estavam enciumados, disputando Dara, infantilmente. Fez com que se comprometessem a ser amigos.

Miguelito, pensando na felicidade de Dara, conseguiu cativar a senhora. Sabia fazer isso melhor do que qualquer pessoa: tornou-se solícito, carinhoso com ela, fazendo-a rir de suas histórias e piadas. Carmelita era carente, bondosa, logo se derreteu pelo charmoso e alegre cigano.

Enquanto isso, Dara trabalhava infatigável, tratando os irmãos ciganos com os remédios que preparava, curando com as mãos e lendo as cartas...

Naquela tarde, uma moça elegante, em um carro importado caríssimo, chegava ao acampamento, desesperada, à procura de Dara.

Miguelito acompanhava a noiva, em suas visitas aos idosos acamados. Dara ministrava-lhes seus remédios com ervas, enquanto Miguelito distraía os doentes com sua conversa amiga e divertida.

Dara se emocionava com a presença de Miguelito e observava quanto suas curas eram aceleradas pela alegria que ele transmitia a eles.

Helena apareceu em sua tenda, para que ela atendesse uma pessoa que a procurava, para ler a sorte. A notícia aborreceu Miguelito, pois não queria mais que ela atuasse como clarividente, mas não disse nada. Não colocaria a harmonia que vinha conseguindo na relação a perder: sentia Dara se aproximando mais, a cada dia, de seu coração.

Dara foi prontamente atender a cliente, deixando Miguelito e outra irmã com os doentes, que queriam escutar dele mais histórias engraçadas. No entanto, Miguelito estava enciumado por ficar sem a companhia de Dara naquele final de tarde.

"Quando nos casarmos", pensava, "ela terá uma vida tão movimentada com as viagens, compras; não vai mais jogar cartas nem trabalhar com os doentes."

CAPÍTULO XVII

O Socorro a Giselle

Dara estava sentindo falta do jogo de cartas, do contato com sua intuição e clarividência. Esse contato era tão vital para ela quanto o ar que respirava. Nesses dias que precediam o casamento, sentia-se desfocada de seu centro, parecia lhe faltar algo. Sua sexualidade estava um tanto aflorada, a ponto de impedi-la de ver nitidamente o que a espiritualidade lhe revelava, e esse aumento da energia sexual era influência de Miguelito; sua presença era muito forte, dominadora, sempre por perto querendo a atenção dela. Dara era uma *kaku*, curar e aconselhar era sua missão, não queria se deixar monopolizar por Miguelito.

Pressentia que a freguesa precisaria muito dela. Seu corpo lhe enviava sinais: arrepios envolviam sua espinha; seus guias vinham em seu auxílio.

Carmelita e uma senhora faziam companhia à moça que chorava.

Dara entrou, sentindo algo grave acontecendo. A moça levantou a cabeça e dirigiu-lhe um olhar triste. Os olhos mais azuis que Dara vira até aquele momento, que revelavam o sofrimento que ela trazia na alma.

Ficaram a sós. A moça não conseguia falar, só soluçava. Dara colocou-se de frente para ela, suas mãos sobre as mãos dela. Começou a respirar, e ela, sem perceber, passou a respirar no mesmo ritmo que Dara: a princípio, profundamente, e, depois de alguns minutos, devagar, tranquilamente. A vibração se elevou, e uma luz as envolveu.

Dara perguntou-lhe o nome e ela disse que se chamava Giselle, tinha 23 anos, morava a 300 quilômetros do acampamento e estava precisando encontrar seu filho, que a família lhe tirou, enviando-o para a adoção, quando ela estava sedada no hospital, sem que ela soubesse. Giselle engravidou de um rapaz pobre, empregado da fazenda de seu pai, por quem se apaixonou. Estava comprometida com outro, Adilson, que a família aprovava, do mesmo nível social que o deles. Era uma moça rica, filha de fazendeiros, pessoas influentes.

Giselle foi proibida de continuar vendo Pedro, o pai da criança, que foi despedido da fazenda, e ninguém mais soube do paradeiro dele. A notícia da gravidez foi recebida como uma bomba na família. A moça ficou isolada de todos durante seis meses, na casa da avó paterna, que morava em outro estado, sob a vigilância de seguranças de seu pai.

A família disse a todos os amigos, inclusive ao noivo, Adilson, que Giselle passava por uma depressão forte e só voltaria quando estivesse bem. Não estranharam, pois ela sempre teve um comportamento impróprio a uma moça da alta sociedade: andava com pessoas de nível inferior, embriagava-se, provocava escândalos que saíam nos jornais locais. Enfim, era um peixe fora-d'água no mundo dos coronéis, onde prevaleciam a arrogância, a aparência e o *status*. Mesmo assim, Adilson a amava e queria se casar com ela, o que convinha às duas famílias de fazendeiros ricos.

Giselle não teve coragem de revelar a Adilson sua gravidez. Não o amava, mas temia a reação dele; não ousava se rebelar contra os pais, mas quis ter esse filho. Durante a gravidez, afeiçoou-se à criança que crescia em seu ventre e esse bebê passou a ser a razão de sua existência. A avó a hospedou durante a gravidez, mas manteve-se distante da neta, nem mencionava a criança que viria ao mundo, como se o assunto fosse um tabu.

Giselle sentiu-se hostilizada, desamparada, buscava forças no filhinho que nasceria. Não tinha amigas de confiança para auxiliá-la, só podia contar com uma empregada da fazenda: dona Laura, uma pessoa que a conhecia desde bebê e que a amava, leal a ela. Planejava procurar por Pedro, após o parto. Amava o rapaz e ele a amava desde que eram crianças.

Quando acordou, no hospital, três dias após o parto, soube que esteve sedada e seu filho fora levado para a adoção. Sua mãe nem apareceu para visitá-la. Não viu seu bebê nascendo nem indo embora. Uma enfermeira que a conhecia desde criança presenciou a situação, ouviu conversas às escondidas e lhe segredou o ocorrido: uma irmã religiosa foi buscar o bebê recém-nascido para um orfanato dirigido por freiras, não sabia onde. Essa enfermeira a aconselhou a procurar pela cigana Dara, que tinha o poder de ver espíritos e poderia localizar o bebê e o pai da criança, desaparecido havia alguns meses. Deu-lhe o número do telefone de Dara, já havia se aconselhado com ela.

Quando Gisele ligou para a cigana, Marcos, o amigo de Dara, que estava morando na casa que havia comprado dela, atendeu ao telefone. Percebendo urgência na voz de Giselle, disse-lhe que Dara havia partido e indicou-lhe o paradeiro da amiga cigana cartomante.

Giselle, acompanhada por dona Laura, viajava havia dois dias em busca de Dara. Os acampamentos eram afastados das cidades e algumas vezes se perdeu, mas sempre havia alguém que lhe dava uma indicação. Rodaram em círculos, até que conseguiram chegar a esse acampamento. Na confusão mental em que Gisele se encontrava, errava os caminhos, estava fraca por causa da cesariana e dos traumas sofridos, mas determinada a continuar a busca.

Seus seios doíam, estavam empedrados pelo leite, causando febre. Seu estado geral era lastimável, não sabia como aguentaram a viagem.

Escutando a triste história que Giselle, com voz trêmula, lhe contava, Dara sofria por ela, imaginando que algo semelhante podia ter acontecido em seu próprio nascimento, quando foi tirada dos braços de sua mãe, e ela levada pela família, sabe-se lá para onde.

"Como é possível tamanha maldade?", perguntava-se Dara. "Essa moça, Giselle, foi vítima de uma conspiração da família. Esses coronéis faziam barbaridades, ditavam leis cruéis; o pai de Dario era um deles."

Giselle tremia de frio, a febre aumentando. Dara temia que ela tivesse uma convulsão se não interviesse a tempo. Deitou-a em sua cama, deu-lhe um remédio feito com ervas, cobriu-a bem e entoou palavras sagradas de cura. Após um tempo, Giselle serenou, a febre começou a ceder, ela adormeceu profundamente. Estava exausta, fraca, não tinha condições de sair dali naquela noite. Precisava de cuidados. Carmelita e dona Laura zelaram por ela na tenda de Dara. Aplicaram compressas úmidas em sua testa e a hidrataram enquanto Dara providenciava alimentos às duas mulheres.

Dara chegou ao refeitório apressada, encontrando Helena e Miguelito à sua espera. Deu-lhes uma rápida explicação do que ocorria e pediu a Helena permissão para pegar frutas e sopa para as duas mulheres que a aguardavam.

Percebeu indignação no semblante de Miguelito, que se sentia desprezado, esperando pela noiva, mas Dara não lhe deu atenção, tinha pressa em socorrer a moça. Miguelito estava furioso:

"Faltam somente 15 dias para o casamento e Dara fica se preo-cupando com estranhos... E ainda por cima *gadjés*", ele reclamava para Helena.

Miguelito saiu de carro, indignado com Dara, pensando em vi-sitar cabarés onde encontraria mulheres que o desejavam, mas caiu em si que não conseguiria mais ser infiel. Dara descobriria e rompe-ria o relacionamento. Ela seria capaz disso! Por onde transitava, via o rosto de Dara em seu pensamento, como se ela estivesse presente. Lembrou que uma *kaku* tinha poderes e ela o chamava; precisava voltar. Voltou para o acampamento, chateado. Quando caiu em si, arrependeu-se de seu comportamento infantil, querendo chamar a atenção de Dara enquanto ela enfrentava uma situação difícil, sem seu apoio. Ele não percebia a extensão de seu egoísmo. Não estava acostumado a se pôr no lugar de uma mulher. Isso não existia nos costumes ciganos: as mulheres deveriam aceitar os homens como eles eram e ser como eles queriam que fossem. Não deveriam ter von-tade própria, autoestima.

Voltou e foi à procura de Dara, em sua tenda. No entanto, foi logo barrado por Carmelita, que o preveniu que Dara realizava um ritual de cura e não deveria ser interrompida. Mas ele insistiu: cha-mou-a em voz alta duas vezes. Ia chamar a terceira vez, mas Dara saiu da tenda.

Ela o encarou furiosamente, parecendo que uma fera encarna-va sua expressão: seus olhos arregalados, verdes naquele momento de menor luminosidade, lembravam uma felina perigosa, preparando-se para atacar.

Uma *kaku* não deveria ser interrompida; isso era um sacrilégio a um ritual sagrado. Ele já havia ouvido falar a respeito. Miguelito sentiu todo o peso do furor de Dara sobre si. Pareceu encolher de tamanho, ficou mudo, estático, perguntando-se por que era tão pe-quenino perto daquela mulher.

Afastou-se, segurando as lágrimas. Em sua tenda, chorou, pela primeira vez, por uma mulher que partia seu coração. Não sabia como se comportar com Dara, como ter seu amor. Ela tinha tanto amor a dar... a Dario, não a ele. Miguelito queria ser amado como Dario ou mais que ele. Competia com esse amor. Quando pensava estar mais perto do coração de Dara, fazia alguma bobagem que os afastava e temia que ela o abandonasse depois disso.

O ritual de cura

Dara passou a noite rezando por Giselle. Estava exausta, mas manteve-se acordada, temendo que a moça não resistisse e morresse de infecção. O dia amanheceu, os raios de sol iluminavam o interior da tenda e Dara constatou, feliz, que a febre cedia, a cor voltava à face de Giselle. Dona Laura já havia despertado e olhava em volta, na tenda, entre amedrontada e surpresa. Nunca havia estado em um acampamento cigano. Refeita do cansaço do dia anterior, pôde perceber melhor a cigana Dara:

"Que moça linda! Que anjo de criatura, cuidou da patroinha a noite toda", pensou, admirada com a bondade da cigana.

Dara lhe sorriu gentilmente, transmitindo-lhe confiança, e derretendo seu coração. Caiu de amores pela cigana e sentiu que ela salvaria Giselle.

Helena chegou cedo para auxiliar Dara. Sabia que a amiga trabalhara a noite toda e deveria estar precisando de repouso imediato. Trabalhos de cura exaurem a energia do curador, dependendo da intensidade, e esse era um caso grave. Ouviu Dara entoando os cantos sagrados a noite toda. Ramon estava viajando, não pôde auxiliá-la e não havia no acampamento outra pessoa que atuasse como eles nas enfermidades do corpo e da alma.

Dara transmitiu às mulheres presentes as instruções: aguardariam Giselle despertar para tomar um caldo tonificante de legumes e ervas, de hora em hora; lavariam seu corpo com compressas umedecidas em água fria para ativar sua circulação; chamariam o médico da cidade, um conhecido de Helena, para que ele avaliasse as condições da cicatriz da cesárea à qual Giselle se submeteu. O médico deveria guardar sigilo absoluto sobre a presença da moça no acampamento, pois o pai deveria estar à procura dela. Giselle deveria ainda permanecer ali nos próximos dias, avaliou Dara. Helena concordou, o estado dela era delicado.

O médico foi chamado e Dara foi repousar na tenda de Helena. O céu daquela manhã estava nublado, a temperatura um pouco fria. Dara sentiu frio, cansaço, quando ia para a tenda de Helena, e saudade de Miguelito. Arrependida por não ter dado a atenção que ele queria, mas não havia sido possível, nas circunstâncias em que Giselle havia chegado ao acampamento.

"Miguelito tem de compreender", ponderava Dara. "Há momentos em que é preciso esquecer de si e atender um irmão que está mais necessitado."

Aos poucos, a imagem de Dario ia se dissipando na memória e no coração de Dara – ela já vinha sentindo –, e dando mais espaço para Miguelito em sua vida, tudo acontecendo no tempo certo, naturalmente. Dara vinha mergulhada nesse diálogo interior, de cabeça baixa, encolhida pelo frio. Não percebeu Miguelito vindo em sua direção, mas sentiu sua presença, quando ele já estava bem próximo: ergueu a cabeça e viu seus olhos negros, apaixonados e carentes. Ele também havia dormido mal, certamente pensando nela. Dara sentiu seu coração pulsar, acelerado, junto a ele: atirou-se em seus braços, abraçou-o forte, trocando um longo e apaixonado beijo.

"Que saudade!", disse para ele.

Parecia que não o via há muito tempo. Miguelito ficou surpreso e emocionado; seu lindo sorriso se abriu, rodou-a no seu colo, celebrando o momento feliz. Como ela amava essa alegria dele!

Percebendo como ela estava exausta, tomou-a no colo, levou-a para a tenda de Helena, colocou-a na cama, tirou suas sandálias, cobriu carinhosamente seu corpo com um lençol e ficou ao seu lado, contemplando a bela mulher, acariciando seus longos cabelos, até Dara adormecer. Queria que ela repousasse e soubesse que poderia contar com ele. Sentia os fantasmas do passado desaparecendo da vida de Dara, e ele não estragaria mais as oportunidades de estar com ela, era a mulher de sua vida. Dara despertou algumas horas depois, em um pulo, lembrando-se da enferma que a esperava na tenda. Lembrou também de Miguelito, que gentilmente a colocara na cama.

Ela penteava seus cabelos, quando Miguelito entrou na tenda e parou para observá-la, embevecido com a beleza da noiva, natural, sem maquiagem. Ela, sentindo-se desejada, nada disse, mas o olhou de forma provocante; seus olhos, naquele momento esverdeados e sensuais, percorriam o corpo do noivo de cima a baixo. Miguelito sentiu um tremor de excitação. Mas não podia jogá-la na cama, como gostaria. Mesmo porque a cigana Carmelita veio chamá-los: a moça *gadjé*, Giselle, despertara, estava precisando de Dara.

Miguelito acompanhou Dara e Carmelita até a tenda. Giselle estava melhor. Havia sido consultada pelo médico amigo de Helena, que constatou a eficácia dos remédios de Dara: não havia mais infecção, não necessitava de antibióticos, e poderia prosseguir com o tratamento fitoterápico.

Repousada e mais fortalecida, Giselle continuou sua narrativa a Dara: "Nenhum dos empregados da fazenda tinha coragem de lhe dizer o que havia acontecido com Pedro, o pai de meu filho. O coronel Afonso, meu pai, era conhecido por seu caráter cruel e vingativo. Muitas coisas erradas que fizera no passado ficaram encobertas e quem se atrevesse a 'abrir a boca' a respeito dele desaparecia, nunca mais era visto. Mas sempre foi um bom pai e um marido apaixonado." Ela o admirava, até o momento em que ele revelou aquela terrível faceta, da qual já ouvira falar, porém não acreditava. A mãe de Giselle sempre ao lado dele, desconfiava que ela sabia dos atos vis do pai.

Três anos atrás, um jornalista investigou a fundo a vida do coronel e começou a publicar artigos com denúncias a maus-tratos que eram inflingidos a empregados, mortes misteriosas ocorridas nas fazendas que nunca foram investigadas a fundo, suspeitava-se que ocorreram por ordem do coronel.

O jornalista que denunciou as práticas de seu pai foi jurado de morte pelos "capangas" do coronel, mas ela ouvira dizer que ele fugira, quando prevenido da ameaça que sofria. Não souberam mais o que acontecera com ele, se continuava vivo ou estava foragido em outro país. O coronel conseguia "calar" quem o incomodasse. Todavia, havia sido um bom pai e um esposo fiel.

Frequentavam a alta sociedade local, composta por prósperos fazendeiros, coronéis, políticos e pelas ricas famílias tradicionais. Sua família, "novos fazendeiros ricos", queria incorporar um nome aos bens que possuíam. Seus pais planejaram seu casamento; mas Giselle "ousou" se relacionar com um empregado pobre, filho do caseiro de uma das fazendas, um amigo seu de infância: Pedro. Ele a ensinou a cavalgar, fizeram diversos passeios pelas cercanias da fazenda, desenvolvendo uma ligação forte entre eles, de igualdade, cumplicidade. Giselle falava de suas dificuldades com ele, e ele, com ela; compreendiam-se. Ele a ouvia atentamente, sentia-se grato por ela o tratar como igual; ela, a filha do patrão. Giselle adorava almoçar com ele em sua casinha modesta. Saboreava e elogiava a comida de sua mãe, dona Inês, e conversava com seus irmãos. Cresceram e continuaram amigos.

Distanciaram-se quando Giselle foi estudar línguas estrangeiras na Europa, retornando à fazenda após três anos, com 21 anos. Pedro estudou no colégio próximo à fazenda; não pôde ir para a faculdade de Direito, seu sonho. O que seu pai ganhava só dava para viverem modestamente. A mãe lavava roupas para fora, costurava e bordava, recebendo bem pouco.

Quando se viram novamente, após esses três anos afastados, sentiram que nunca se esqueceram: Pedro havia se transformado em um moço lindo, de 1,80 metro de altura, ombros largos e fortes por causa do trabalho braçal, pele bronzeada, olhos e cabelos castanhos, lábios bem carnudos e avermelhados.

"Um homem que deveria ser cobiçado pelas mulheres", pensou Giselle ao reencontrá-lo, seduzida pela beleza máscula.

Era loura de olhos azuis, cabelos lisos até os ombros, pele clara e muito magra, o que lhe conferia uma aparência frágil, sensível. Não era bonita, mas encantadora, delicada, lembrava um pássaro... Ele sentiu vontade de protegê-la contra os caçadores, mas... foi ela quem o seduziu. Sob qualquer pretexto ia à sua procura na fazenda e monopolizava sua atenção. Nos momentos em que estavam juntos, ele nem conseguia trabalhar. Conversavam muito, riam, brincavam, como quando crianças. E, um dia, durante um passeio que faziam juntos, estavam sentados sob uma frondosa mangueira, ela o beijou. Uma, duas, três vezes.

Assim começou o romance secreto entre eles. Não se largavam; falavam-se ao telefone por longo tempo, quando não se viam; recusavam convites para sair com amigos ou com a família; isolaram-se de todos, e as pessoas foram formando opiniões, fofocando. Até que chegou aos ouvidos do coronel Afonso, que acreditou nas informações trazidas de uma fonte sua confiável. Ele recebeu fotos dos dois se beijando e os flagrou... Desde então, Pedro estava desaparecido. O pai de Pedro, seu José, recebeu de castigo, dos capangas do coronel, uma surra que o deixou imobilizado por duas semanas. Giselle foi obrigada a aceitar noivar com Adilson; em troca, seu pai lhe jurou que deixaria Pedro viver e não despediria seu José e a família dele.

Giselle sentia náusea dias após Pedro ser afastado de sua vida. Em uma manhã, sentiu uma vertigem e desmaiou. Levaram-na ao médico e confirmaram à família o que ela já sabia: a moça estava grávida de quase três meses. Foi um grande choque para seus pais. A partir desse dia, passaram a tratá-la com desprezo. Ficaria na casa da avó até a criança nascer.

Giselle viveu essa gravidez atormentada pelos mais diversos temores. Temia que algo terrível acontecesse a Pedro e se culpava pelo sofrimento que esse amor trouxe à família dele e havia o medo de que perdesse seu bebê. Chorava todos os dias e só tinha a companhia de dona Laura. A avó lhe dava roupa, comida, mas não falava com ela, simplesmente a ignorava.

Quando começaram as contrações, foi transportada para o hospital da cidade vizinha, sedada e levada para a mesa do parto. Estava apagada, despertando três dias depois, sem saber o que acontecera. Ninguém lhe respondia onde estava seu bebê. Desesperada, sentia uma dor no peito, um vazio profundo de perda. Seus seios estavam empedrados, doloridos; estava febril, sozinha em um ambiente hostil, sem respostas às suas perguntas.

Havia passado por uma cesárea, os pontos ainda doíam. Sentiu-se ultrajada por não ter visto seu parto. Começou a gritar de desespero. Uma enfermeira antipática veio e ministrou-lhe um sedativo. Ela dormiu mais algumas horas um sono agitado em que via seu bebê sendo levado para longe. Acordou suando, começou a chorar baixinho, depois alto, histericamente, até cessarem suas forças.

Enfim uma enfermeira com rostinho de anjo, cujo nome desconhecia, apareceu em seu quarto, alimentou-lhe na boca, deu-lhe de beber e a acalmou com carinho. Ficou ao seu lado algumas horas e contou-lhe o que ocorrera: seu bebê fora levado por umas freiras, para adoção, mas não sabia para onde.

Giselle não se lembrava mais com clareza sua reação a essa notícia: sabia que sentiu um imenso buraco se abrindo em seu mundo. Ela acredita que apagou, desmaiou, em razão do abalo interno que sentiu com essa notícia. Voltando a si, essa enfermeira a aconselhou a procurar por uma cigana clarividente e cartomante, a cigana Dara, e passou o contato dela. A cigana Dara localizava pessoas desaparecidas, curava enfermos e era boa, iluminada. Giselle sentiu que deveria seguir o conselho da enfermeira, pediu que ela telefonasse à sua empregada, dona Laura. Seus pais haviam saído, os caminhos estavam abertos. A enfermeira telefonou a dona Laura, transmitindo a ela as instruções de Giselle. Chamou um táxi que levou Giselle à casa de seus pais, ausentes naquele momento. Nos fundos da casa, dona Laura a esperava com roupas, chave e os documentos de seu carro. Giselle tinha dinheiro depositado no banco, não passariam necessidades.

Giselle sentiu que essa enfermeira era um anjo que apareceu em sua vida e lhe estendeu a mão em um momento de tanto sofrimento. Portanto, confiou em seu conselho e saiu à procura da cigana Dara. A descrição da cigana e o nome "Dara" lhe trouxeram esperança.

Imaginar seu filho sendo levado para longe dela, para ser adotado, após tê-lo carregado em seu ventre nove meses de gestação, dando-lhe todo amor que era capaz, lutando contra as adversidades porque queria essa criança e ser afastada dela, enquanto estava inconsciente, era algo cruel demais para ser verdade. Seus pais, que tanto a amaram, tornaram-se seus inimigos.

Encontrou forças para dirigir, procurar por Dara, perdendo-se diversas vezes, dirigindo com dificuldade centenas de quilômetros, muitas vezes em círculos e finalmente chegando ao seu destino. Seu bebê é que lhe dera forças, precisava encontrá-lo; seu filho necessitava dela, e também Pedro.

Seria procurada pelos homens que trabalhavam para seu pai, mas confiava em Deus, não desistiria agora de procurar por seu filho e por Pedro. Estava disposta a denunciar seus pais à imprensa, mas teria de se precaver, encontrar pessoas que a auxiliassem e não tivessem medo de delatar as barbaridades que cometeu. O dinheiro dele comprava o silêncio delas.

Concluiu sua história com um pranto doloroso, muito triste. Emocionou Dara, que sentiu seu sofrimento e chorou junto com ela no final da narrativa. Dara sentia também a dor do bebê que fora arrebatado do contato da mãe, levado por estranhos, sabe-se lá para onde. Dara pensou...

"Como as histórias se repetiam... a história de Giselle continha sua própria história."

Ramon, famoso e experiente *kaku*, possuía o dom da telepatia. Voltava de viagem antes do previsto, com seu filho Manuel, atendendo ao chamado de Dara, que na noite anterior comunicou-se com ele em pensamento, pediu-lhe que voltasse, para que juntos iniciassem uma "Busca": abririam a visão interna por meio das imagens que Giselle transmitiria. Enquanto aguardava Ramon, Dara medicou Giselle com ervas revigorantes e um caldo de legumes. Recomendou-lhe repouso. Em seguida, foi à procura de Miguelito: necessitava aconchegar-se em seus braços, fortalecer-se, dar-lhe atenção. Os dois estenderam uma toalha no gramado do acampamento e deitaram, ao ar livre, abraçados, envolvidos por uma brisa suave. Adormeceram ali mesmo, felizes.

Acordaram com a gargalhada de Ramon. Estava alegre, vendo o casal tão próximo e apaixonado. Vinha na companhia do filho Manuel, um rapaz bondoso, advogado, antropólogo, que lutava pela causa dos ciganos.

A fim de se preparar para o trabalho, Ramon retirou-se para a mata, evocando a força dos *kakus* ciganos, pronunciando em voz alta palavras de poder, após um banho de purificação no riozinho de águas límpidas, reservado aos feiticeiros. Chamou para si a força dos ciganos curadores, dos sensitivos.

Ramon e Dara iniciaram o trabalho com Giselle, que já se sentia melhor. Os três, de mãos dadas, concentravam-se. Giselle visualizou mentalmente Pedro. Dara e Ramon captaram a imagem. Viram-no preso, em uma sala ampla e escura, com grades. Ele estava machucado em vários pontos do corpo, com hematomas que demonstravam ter sofrido agressões físicas. Encontrava-se fraco, confuso, mas ainda lúcido. Giselle não podia ver, mas sentia uma dor no peito, pela tristeza que vinha dele, e começou a se desesperar. Dara soltou sua mão para que não captasse mais o sentimento de Pedro; fez sinal para ela se acalmar e se deitar. Giselle obedeceu. Chorava, baixinho, encolhida como um bebê. Deixaram-na vivenciando sua dor e continuaram a concentração.

Conseguiram acessar Pedro telepaticamente... Ele se sentiu repentinamente desperto e forte. Pedro ouviu em sua mente uma voz chamando por seu nome. Procurou se centrar e apurou os ouvidos, pois o chamado lhe soou como um sinal de salvação. Ouviu:

"Pedro, estamos com Giselle, te procurando. Tente me dizer onde você está; forneça algum detalhe".

Pedro já havia cavalgado centenas de quilômetros no entorno das fazendas do coronel, tinha uma familiaridade com a região, conhecia-a como poucos e, mesmo tendo sido trazido com os olhos vendados, sabia que não havia saído além das fazendas. Seus raptores haviam dirigido andando em círculos para confundi-lo, mas ele tinha a certeza de que se encontrava em uma construção desabitada, em uma das fazendas do coronel. Não entendia como ainda continuava vivo. Talvez pela consideração que o coronel tinha por seu pai, um empregado prestativo e fiel, que servia sua família há 50 anos, ou por sua filha Giselle. Era alimentado uma vez por dia. Seria libertado, segundo um capanga que o prendeu, se ficasse longe de Giselle e da família.

Ele se recusava a aceitar tal condição. Sentia uma falta desesperada de Giselle e do aconchego de sua família. Precisava sair dali urgentemente e se agarrava à esperança que essa "voz" lhe trazia. Descreveu o lugar onde estava preso com a maior precisão que foi capaz.

Ramon o informou que Giselle teve um filho dele, tirado dela ao nascer... Ela precisava dele para encontrarem a criança.

Pedro, ao receber essa mensagem, pôs-se a chorar, emocionado, o que bloqueou a recepção da visão por alguns minutos. Os *kakus* sentiam interferências por causa do sofrimento de Pedro e Giselle. Fizeram uma pausa, beberam água, respiraram profundamente algumas vezes, e retomaram, quando Pedro se tranquilizou e Giselle adormeceu profundamente.

"Pedro, nós vamos te tirar daí, tenha confiança", Ramon lhe disse. "Enquanto isso, mantenha-se forte, com esperança, se acalme. Giselle está segura, conosco. Somos ciganos do bem", despediram-se de Pedro.

Ramon e Dara lavaram as mãos, beberam água, sentaram-se de frente um para o outro. Giselle dormia em um colchonete colocado entre eles. Os *kakus* respiraram profundamente, entraram em um estado de relaxamento profundo, de paz, até que a luz penetrou em suas consciências, irradiando-se em todo o ambiente. Concentraram-se no ventre de Giselle. A visão começou. Viram um bebê do sexo masculino, cabelos loiros, dormindo em um bercinho; o bebê chorava, sentia falta da mãe. Uma freira jovem, de olhar bondoso, o acudiu, ninando-o com palavras doces. A freira sentia a dor da perda no coraçãozinho daquele lindo bebê. Ela o aconchegou em seu peito e o bebê parou de chorar, confortado.

Essa freira, irmã Salete, sentiu um arrepio em sua coluna, uma sensação estranha, e recebeu em sua mente a mensagem de que aquela criança em seus braços havia sido tirada da mãe, necessitava voltar para ela, senão a mãe morreria de tristeza. Surpresa, irmã Salete olhou atentamente o rostinho do bebê que carregava no colo e compreendeu que recebia um chamado, um apelo desesperado. Ela própria cresceu em um orfanato, foi abandonada para adoção aos 6 anos de idade e nunca superou a dor da rejeição materna.

Era como se os anjos lhe falassem, nesse momento. Emocionada, cantou para o bebê uma linda canção de ninar e ele adormeceu. Decidiu atender o apelo recebido, mas teria de ter cuidado. Investigaria nos arquivos a procedência dessa linda criança. Não confiava na madre superiora, diretora do orfanato; suspeitava que ela fizesse algum tipo de comércio com as crianças. Precisaria ser rápida. A irmã continuava a sentir arrepios, forças "ocultas" agindo por intermédio dela. Sem nem mesmo perceber, disse, em voz baixa:

"Sou a irmã Salete, do Orfanato São Miguel".

Uma luz branca envolveu o bebê, e irmã Salete chorou, emocionada, achando que havia recebido a visita de um anjo. Era a comunicação energética dos *kakus* com ela. A tenda de Dara também estava envolvida nessa luz branca translúcida. Os *kakus* Ramon e Dara concluíram seus trabalhos, agradecendo ao clã dos feiticeiros do astral, que os auxiliaram nas visões dos rituais de busca, realizados naquele dia. Estavam exaustos e felizes.

Giselle repousou ali mais um dia. Despertou fortalecida e com clareza mental para agir. Possuía elementos suficientes nas mãos para denunciar seu pai, encontrar seu amado Pedro e reaver seu filho. Pediria auxílio aos oponentes de seu pai, aos jornais e à família de Pedro. Não se omitiria mais.

Dara admirava a força que Giselle teve para chegar até ela. A moça era uma guerreira e não se deixou contaminar pela tirania dos pais. Conservou-se simples, mesmo vivendo no luxo, amava um homem do campo e não abriu mão desse amor nem do filho. Merecia vencer essa batalha. Giselle despediu-se de Dara e Ramon com gratidão nos belos olhos azuis, sentindo que em breve estaria com Pedro e com seu bebê. Estava confiante.

Não queria envolver mais os ciganos em sua história. Temia ser descoberta ali e que os capangas de seu pai incendiassem o acampamento. Os ciganos eram temidos e odiados, e as pessoas tinham uma visão completamente distorcida da realidade. Agradecida, dali em diante passou a fornecer remédios e donativos aos acampamentos ciganos.

Giselle conseguiu encontrar pessoas dispostas a colaborarem com ela, cujo pai muitos odiavam. Cada passo que daria vinha em sua mente com uma clareza impressionante. Sentia que os *kakus* haviam liberado seus canais receptores, e estava muito segura de si. O amor lhe dava forças para lutar.

Dara voltou para os braços ousados do noivo, que a aguardava ansiosamente. Beijaram-se muito e trocaram algumas carícias, a muito custo se contendo. Carmelita não os perdia de vista, intercedendo sempre que pressentia os avanços na intimidade dos noivos.

CAPÍTULO XVIII

Estelita e as Crianças

Manuel, filho de Ramon, carinhosamente chamado de Manu, voltava com seu pai para o acampamento, após anos ausente. Ouviu vozes e risadas infantis e foi até o local onde as crianças ciganas se encontravam.

"Deveriam estar ouvindo histórias", pensou, interessado.

As histórias ciganas povoavam, desde sempre, a imaginação infantil. Eram ricas em detalhes, importantes na formação delas que conheciam os feitos de seus ancestrais pelas narrativas contadas oralmente. Ciganos de todo o mundo conheciam-nas e isso os mantinha unidos: os ciganos nômades transportavam essas histórias de um lado para outro, como bagagens, aonde quer que fossem.

Sentada no chão, com algumas crianças à sua volta, Estelita lia, animadamente, a história da Santa Padroeira dos Ciganos:

– Maria Madalena, Maria Jacobé, Maria Salomé, José de Arimateia, Trofino e Sara, uma cigana escrava, foram atirados ao mar, em uma barca sem remos e sem provisões.

"Desesperadas, as três Marias puseram-se a orar e a chorar. Sara retira o *diklô* [lenço da cabeça], chama por *Kristesko* [Jesus Cristo] e promete que, se todos se salvassem, ela seria escrava de Jesus, e jamais andaria com a cabeça descoberta em sinal de respeito. Milagrosamente, a barca sem rumo e à mercê de todas as intempéries atravessou o oceano e aportou com todos salvos em Petit-Rhône, hoje Saintes-Maries-de-La-Mer, na França. Sara cumpriu a promessa até o final dos seus dias.

"Sua história e milagres a fez Padroeira Universal do Povo Cigano, sendo festejada todos os anos, nos dias 24 e 25 de maio.

"Pensamos que é por isso, crianças", completa ela, que todas as mulheres ciganas casadas cobrem sempre a cabeça com o *diklô*, reverenciando Santa Sara de Kali. Nas noites de lua cheia, nosso povo reverencia essa santa para nos trazer saúde e prosperidade. Muitas mulheres fazem promessa a ela, para auxiliá-las a engravidar e recebem a graça de ser mães.

"Havia, no povoado em que Sara e as três Marias aportaram, uma linda menina de 5 anos, cabelos loiros e olhos azuis, que assistia à cena, do alto de um monte. Mesmo sendo tão pequena, correu e chamou os pescadores para ajudarem, pois elas estavam muito fracas. Essa menina se chamava Helenne. Ela foi correndo, à frente, mostrando o caminho aos pescadores. Quando chegaram à praia, as mulheres estavam estendidas na areia, parecendo mortas. Helenne, sentindo confiança em seu coraçãozinho, tocou em cada uma, chamando-as de volta à vida. Sara abriu os olhos e sorriu-lhe, encantada pela coragem da menina.

"Os pescadores levaram as mulheres para o povoado, deram-lhes roupas secas para vestir, ofereceram-lhes uma deliciosa refeição com pão, peixe e frutas. Não sabiam quem eram aquelas mulheres, mas sentiam que eram pessoas boas e, como bons cristãos, ajudaram-nas quando precisaram.

"Em troca dessa acolhida tão gentil, Sara tocava o ventre das mulheres estéreis e tornava-as férteis. As redes dos pescadores, desde o dia em que ela esteve lá, voltavam da pescaria lotadas de peixes, e a aldeia prosperou.

"A menina, Helenne, por sua bondade, recebeu de Sara um lindo *diklô*, para ela guardar e usar quando se casasse, e também o dom de curar os enfermos com as plantas medicinais daquela região.

"O que aprendemos com essas histórias, crianças?", perguntou alegremente Estelita.

E Mingo, um garoto, respondeu:

"Que quem faz coisas boas recebe as graças de Deus".

Cada criança falava sua interpretação da história e, em determinado momento, todos falavam ao mesmo tempo, animados em participar.

Manuel assistia à cena, encantado. Riu alto, chamando a atenção do grupo, que ainda não o tinha percebido. Estelita ficou vermelha, sentindo-se exposta à apreciação de um homem tão culto como Manuel. Ainda não o conhecia pessoalmente, mas conhecia sua história: era antropólogo, historiador, advogado, tinha uma série de diplomas, percorria o Brasil e alguns países, dando palestras, era um defensor ferrenho de leis mais justas para a integração do cigano na sociedade, por isso os ciganos o admiravam. Trazia-lhes assistência médica, odontológica, jurídica.

Vestia-se como *gadjé* e como cigano, com roupas sociais e argolas pequenas nas orelhas, sinalizando o cigano que era. Amava seu povo, sentia-se cigano de alma, mas morava a maior parte do tempo entre os *gadjés*, tinha o ideal de levar prosperidade ao seu povo e precisava do auxílio dos não ciganos para manterem suas tradições. Herdara de seu pai a alegria e de sua mãe, a inteligência. Era alto, com 1,90 metro, e magro, como sua mãe. Possuía os traços suaves e a pele clara dela; olhos negros e profundos como os do pai. Carinhosamente chamado de Manu. Não era bonito, mas extremamente simpático, o que lhe conferia um charme todo especial. Havia se casado duas vezes e optou por não ter filhos, por causa dos estudos e do trabalho, sempre viajando. Ele gostava de várias mulheres ao mesmo tempo, e, assim como gostava, deixava de gostar. Apreciava a sensualidade das mulheres ciganas, mas não o modo submisso delas de ser; as mulheres *gadjés* também não lhe agradaram, não tinham tradições, mistérios.

Chegou a pensar que não encontraria o amor de sua vida. Mas, quando viu Estelita, seu coração disparou: apaixonou-se pela linda mocinha, que contava, com tanta doçura e de modo teatral, a histórias da Santa Cigana. Achou delicioso ouvi-la. A melodia de sua voz, o sentimento contido em suas narrativas, o brilho que tinha em seus olhos quando olhava para cada criança o encantou. Sentiu que Estelita era uma moça especial, inteligente, criativa. Um tipo de mulher que ainda não conhecera e que queria conhecer. Observou-a demoradamente: uma jovem guerreira, ousada, porque ela o encarava com a mesma intensidade que ele; não se sentia constrangida.

Quando as crianças se retiraram, ele e Estelita se puseram a conversar, como antigos amigos; a conversa simplesmente fluiu. Soube que ela auxiliava sua mãe, Helena, a administrar o acampamento e que queria estudar, ser atriz, cursar faculdades, se possível. Admirou suas aspirações e desejou-a como mulher, como amiga. Ela percebeu seu desejo e se mostrou receptiva; mas quando soube que ela tinha apenas 15 anos, sentiu que tinha de ir mais devagar, não dar asas às suas fantasias, imaginando-se na cama com ela.

Os pais dela, sendo ciganos, não baixariam a guarda. "Seria preciso respeitar as tradições, se casar com a moça, que deveria ser virgem", pensou.

Manuel não conseguiu tirar os olhos de Estelita durante o jantar. A moça colocou-se estrategicamente em seu campo de visão, atiçando o desejo dele por ela. Ela com os pais e ele, com os pais dele, Helena e Ramon, acompanhados por Dara e Miguelito. Absorto em seus pensamentos, respondia evasivamente às perguntas que lhe eram dirigidas até que Helena seguiu seu olhar e viu como ele e Estelita se encaravam, ambos visivelmente interessados um no outro.

Estelita comeu pouco e foi para sua roda de amigos jovens. Era uma moça bem popular. Diversos rapazes de sua idade gostavam dela, tentavam namorá-la e até se casar com ela, mas ela os esnobava, valorizando-se ainda mais. Nessa noite, deu atenção a eles como raramente fazia. Manu estava furioso com essa atitude, enciumado, não tirava os olhos da moça. Levantou-se, passou por Estelita e, de maneira possessiva, disse que queria falar com ela, que aceitou, satisfeita: sua estratégia surtia efeito.

Levou-a a um canto escuro e beijou-a, agressiva e apaixonadamente, deliciando-se com os lábios macios da linda jovem. Olhou-a de cima a baixo, atraído pela menina pequena com rosto angelical. Parecia uma boneca e tão fogosa. Estelita soltou-se dos seus braços e voltou mais cedo para sua tenda, para dormir, sob o pretexto de que se encontrava cansada. Deitou-se em sua cama, sorrindo:

"Estava conseguindo 'fisgar o peixe'", pensava. "Manuel deve estar ainda sentindo a sensação de meus lábios; não dormirá nesta noite".

Estelita acertou, Manuel não podia dormir: a imagem dela, delicada e fogosa, em seus braços, atiçava suas fantasias. Desejou-a assim que a viu. Era um homem experiente, teve diversas mulheres, lindas, cultas, mas nenhuma como a menina cigana. Ele pensava:

"Estelita é esperta, maliciosa, insinuante... Não tem nada de inocente; sabe exatamente o que fazer para me seduzir e é virgem".

A "malandragem" da personalidade dela o atraía. Diferenciava-se das outras mulheres que conheceu e pressentia que ela hospedava uma fera em seu interior. Ele percebeu também, durante o jantar, que Estelita olhava Miguelito com desejo, era evidente seu interesse por ele. Depois, ele veio a saber, por sua mãe, Helena, da paixão dela por Miguelito, noivo de Dara.

"Miguelito era mesmo atraente", ele reconhecia, "mas completamente apaixonado por Dara; só tinha olhos para ela".

Na manhã seguinte, bem cedo, Manu foi à procura de Estelita, mas ela ainda dormia. Esperou ansiosamente, como um adolescente, por ela, para o café da manhã. Andava de um lado para outro, as pessoas chegavam e ela não aparecia. Começou a se impacientar, mas continuou aguardando. Ela não veio.

"Enganado por uma menina de 15 anos, um absurdo!", pensava. Tentou se distrair, jogando futebol com os meninos, mas estava desatento, queria vê-la. Andou pelo acampamento à sua procura e não a encontrou. Não podendo se conter, perguntou à sua mãe se Estelita foi trabalhar, naquela manhã. Helena percebeu, na voz do filho, que se apaixonara pela ciganinha.

"Estelita é uma guerreira esperta", pensou Helena. "Vai usar todos os ardis para seduzir meu filho e sair daqui."

Dessa vez, Manuel sofria por uma mulher, faria qualquer coisa para possuí-la e Estelita sabia que o teria nas mãos. A moça cigana era perspicaz.

Helena não intercederia nesse relacionamento: o filho era maduro, experiente.

"Eles que se entendam", pensou.

Manuel encontrou Estelita pouco antes do almoço, ela brincava de roda, com as crianças. Cantava-lhes lindas canções ciganas, com voz suave, harmoniosa. As crianças cantavam, riam com ela e olhavam-na com admiração. Por sua vez, ela retribuía esse carinho sorrindo docemente enquanto Manuel observava, fascinado a cena. Achou-a tão linda, tão inocente nesse momento, que teve vontade de pedir-lhe em casamento, apesar de tê-la conhecido no dia anterior. Ela sorriu para ele, sabendo que ele seria dela.

Naquela noite, haveria um ritual de prosperidade para Dara e Miguelito. Era lua crescente, todos fariam uma homenagem a Santa Sara de Kali, pedindo fertilidade a todas as mulheres que desejavam engravidar, progresso material e espiritual aos noivos e aos irmãos ciganos.

Estelita convidou Manuel para ser seu par na dança à noite e ele aceitou prontamente. Pelo costume, as moças ciganas deveriam esperar ser convidadas, nunca tomar a iniciativa, conduta imprópria e imoral a uma mulher, mas Estelita conhecia pelos livros, os costumes liberais das mulheres *gadjés* e sua perspicácia lhe dizia que Manuel adoraria essa iniciativa dela.

E Manuel adorou mesmo o convite, a ponto de se sentir um adolescente esperando o primeiro encontro. Passou a tarde pensando na menina.

Estelita também pensou muito. Manuel lhe agradava, era um homem atraente e culto, mas não se igualava a Miguelito em matéria de charme e carisma. Miguelito andava gingando, enquanto Manuel, por ser alto, andava duro, meio desajeitado.

"Talvez nem saiba dançar", pensava, "mas era o homem que a tiraria do acampamento, que lhe abriria a porta dos *gadjés*".

Ela amava os ciganos, mas admirava mais os *gadjés* e queria se tornar um deles, vestir-se e comportar-se como uma *gadjé*, morar em uma bela casa. Se continuasse com seu plano, em poucos dias teria fisgado Manuel. Ele tinha dinheiro, era bem conceituado no mundo acadêmico; era bom e sensível, gostava de viajar, não a prenderia em casa nem a controlaria, como seu pai fazia com sua mãe. Os ciganos eram possessivos, conservadores, às vezes tiranos com suas mulheres. Ela detestava esse comportamento ultrapassado. Estelita saiu do trabalho mais cedo para se preparar para o ritual, ficar linda para Manuel. Após o banho, untou com óleo perfumado de almíscar, um afrodisíaco, todo o seu corpo. Escolheu, entre seus poucos vestidos, um que realçasse sua beleza morena: um amarelo, estampado com flores azuis, bem decotado, que deixava à mostra seus ombros e o começo de seus seios pequenos e arredondados, proporcionais à sua baixa estatura. Ela era toda proporcional, delicada, feminina, atraía homens jovens e maduros.

Seus olhos negros brilhavam como duas jabuticabas: misteriosos, maliciosos, insinuantes; sua roupa decotada dava-lhe um ar de menina-mulher fatal e ela tirava proveito disso. Rebolava com graça, ao caminhar. Sempre perfumada, deixava um rastro de perfume barato à sua passagem...

Revoltava-se contra seu pobre vestuário. Quantas vezes sua mãe precisou reformar seus vestidos ou comprar com dificuldade outro para ela? Ela tinha mais quatro irmãs menores, lindas, e, como ela, não possuíam vestidos decentes para usar nas festas. As ciganas eram vaidosas desde crianças, preparavam-se para o dia de seus casamentos bem novas. Aprendiam a ser sensuais e femininas, dançando e cantando nas festas, de forma insinuante, mas com algum recato, preservando a moral.

Casando-se com Manuel, auxiliaria a mãe a criar as irmãs. Amava sua família, mas se envergonhava dela, de suas maneiras rudes, a falta de estudo.

Manuel esperava Estelita para irem juntos ao ritual, ansiava pelo momento que estariam a sós. Sabia que ela estava se fazendo de difícil para conquistá-lo. Não era ingênuo, gostava desse jogo: apaixonara-se pela menina cigana e não era correspondido – percebia claramente –, mas não desistiria de ensiná-la a amá-lo, ofereceria a ela a liberdade que ela tanto almejava.

Manu era descomplicado: resolvia logo o que vestiria, solucionava os conflitos e sua vida de maneira prática. Achava normal a menina querer um casamento sem amor para sair do mundo que a oprimia. Considerava Estelita capaz de importantes conquistas, por causa de sua inteligência e esperteza. Queria levá-la com ele para fora do Brasil e só poderia se casasse com ela. Decidiu que dali a alguns dias a pediria em casamento para sua família.

O ritual de Santa Sara

Os ciganos chegavam à festa. Manu aguardava Estelita, a ansiedade crescendo. Seus pais chegaram, acompanhados por Dara e Miguelito e os outros ciganos... Os pais de Estelita e os outros filhos... Menos Estelita.

Manuel já estava nervoso e irritado com a demora da moça, nem quis comer, e quando estava decidido a sair à procura dela, viu-a chegar acompanhada pelas crianças: linda, com seu vestido colorido, uma flor amarela no cabelo, os cabelos soltos, pretos e brilhantes, um sorriso maroto nos lábios carnudos, e olhos pintados com lápis preto, conferindo-lhe um ar exótico, misterioso. Manuel parou encantado, diante da chegada da bela moça.

Estelita lhe sorriu daquela maneira maliciosa e inocente ao mesmo tempo, que o desarmou. Foi, como convinha a uma moça, comer ao lado dos pais, que a fitaram com admiração. A filha estava linda. As crianças ficaram ao redor dela, durante o jantar, conversando e rindo. Manuel não tirava os olhos dela, não prestava atenção no que lhe diziam, tinha olhos apenas para ela.

Após o jantar, os ciganos aguardavam, conversando, o início do ritual.

Foi montado, próximo ao palco um altar, em uma mesa comprida, contendo imagens de Santa Sara de Kali, Nossa Senhora, Jesus e de um casal cigano; talismãs ciganos (punhal de prata, ferradura, coruja).

Havia uma enorme mesa de frutas, pão e vinho, simbolizando abundância e fertilidade, que seriam consumidos no término do ritual.

O início deu-se com uma linda canção cigana, cantada por um jovem, José, acompanhado por Manu no violão, e Carmelita no pandeiro, fazendo coro com José. Eles puxavam a procissão, que se dirigia ao altar montado em homenagem a Santa Sara.

Formaram uma fila dupla: na frente vinham as crianças, seguidas pelos jovens e adultos. Todos com roupas coloridas, cada pessoa segurando um ramo de trigo, simbolizando a fartura do alimento, a fertilidade. Em dado momento, cantaram juntos:

"Santa Sara, tu és nossa luz! Santa Sara os filhos do Vento nos conduz. Santa Sara guia os nossos passos, nos fortalece e nos ilumina. Nós somos os filhos do vento e livres para amar", repetiam esse refrão.

Dara e Miguelito estavam próximos do altar. Dara trajava um vestido de cetim laranja, rodado, com rendas amarelas, uma faixa de cetim amarela na cintura; os cabelos soltos até os quadris, na cabeça trazia uma tiara de flores silvestres; uma correntinha de ouro com um pingente de rubi no pescoço, a pedra preferida de Miguelito; brincos de ouro, compridos, com pingentes de rubi, combinando. Ele comprou para ela o vestido e os acessórios para o ritual.

Miguelito usava uma calça de cetim colada ao corpo, também laranja, com a camisa de cetim amarela aberta no peito, mostrando o tórax musculoso e uma corrente grossa, de ouro, no pescoço, os cabelos penteados com gel, impecáveis. O casal estava lindo, sensual, como se espera dos ciganos nesses rituais, em que se preparam por horas, para ser o destaque da noite, atraindo beleza e prosperidade para a vida a dois.

Ramon abriu os trabalhos entoando uma prece cigana, homenageando Santa Sara de Kali. Todos se curvaram, em sinal de respeito à santa, em silêncio, ouvindo as palavras que ele pronunciava. Com o punhal na mão, pediu que Santa Sara cortasse todo o mal que pudesse interferir na vida do casal. Depois, passou o punhal sobre a cabeça de Dara, pronunciando palavras mágicas de defesa do mal, e sobre a cabeça de Miguelito, repetindo as mesmas palavras, em tom baixo de voz, para que apenas os noivos as ouvissem e guardassem para si.

Em voz alta, pediu a boa sorte aos noivos, uma vida de alegrias, filhos e prosperidade. Todos juntos, agradeceram a Santa Sara e deram vivas aos noivos. Todos alegres e unidos no pensamento de fortalecer o casal.

Dara mostrava-se bem, mas saudosa. Passara o dia pensando em Dario. Culpava-se por ainda não ter conseguido libertar-se da lembrança desse amor impossível. Sentia que Dario também pensava nela. Estava em conflito, pois devia fidelidade a Miguelito, assumira um compromisso com ele, um homem cigano cheio de brio masculino, que a amava e seria seu marido. Dara não conseguiu controlar uma lágrima discreta.

Miguelito, ligado como estava nela naquela noite, percebeu a lágrima e entendeu que o coração de Dara ainda pertencia a Dario.

"Mas, um dia, será só meu", pensou. O ritual lhe trazia mais força e confiança em seus objetivos.

A festa começava. Todos passaram a dançar: crianças, jovens, adultos e idosos. Beberam do vinho que era servido e a alegria se espalhou. Miguelito conduziu Dara na dança, com movimentos dinâmicos e sensuais do flamenco. O sorriso largo, contagiante, que lhe dirigiu enquanto dançava, dissolveu a tristeza do coração da cigana. Dara se movimentava graciosamente, envolvendo todo o seu corpo na dança. O vinho a deixava descontraída, excitada com o olhar penetrante de Miguelito sobre ela, que parecia devorar seu corpo com os olhos. Ele não permitia, usando seu olhar de fogo, que Dara durante a dança entrasse em transe e viajasse no astral: temia que se encontrasse com Dario, sentia uma ameaça no ar. Mantinha seu olhar fixo no dela o tempo todo, dominando a situação.

Em determinado momento, levou-a para um lugar mais isolado do acampamento. Ambos estavam excitados. Abraçou-a por trás, beijando seus ombros e nuca, acariciando os seios fartos, que o deixavam embriagado de prazer. Suas mãos ousadas percorreram o corpo curvilíneo. Levantou seu vestido e suas mãos fortes, quentes, tocaram o sexo úmido da cigana. Miguelito respirava forte, Dara gemia, cada vez mais excitada, o fogo contido do prazer explodindo, como um vulcão em erupção. Seus corpos estavam entrelaçados, próximos à penetração, quando a voz da cigana Carmelita, que procurava por Dara, chegou até eles. Dara teve de lutar para se desvencilhar dos braços fortes do noivo, que não queria interromper o prazer, mas a soltou e ela correu, despenteada, em direção a Carmelita.

Dara voltou trêmula, afogueada, arrumando os cabelos, para a festa. As pessoas perceberam que algo ocorrera, mas não se incomodaram: para os ciganos, o sexo deveria ser vivido plenamente e a sedução era o tempero do sexo, a melhor parte. Miguelito voltou minutos depois indo ao encontro de Dara, alegre como sempre. Riu com os amigos, dançou, com Dara, dançou na roda das crianças, comeu os alimentos e frutas, bebeu o vinho.

Por sua vez, Estelita provocou Manuel a noite toda, aproximando-se dele mais do que era permitido a uma moça solteira. Dançaram juntos algumas músicas; outras, ela simplesmente dançou nas rodas com as amigas, sem sequer convidá-lo a compartilhar da companhia delas. Provocava Manu...

Na verdade, Manuel adorava a provocação de Estelita, aceitava ser seduzido dessa maneira, pois entendia como a mente da menina funcionava. Queria jogar, isso o divertia... e excitava, também. Estelita estava lindíssima, naquela noite, sensual e inocente ao mesmo tempo. Era uma característica dela tão marcante, pensava Manuel, olhando-a com desejo e carinho. Não queria que ela mudasse esse jeito de ser. As crianças, em volta dela, querendo dançar com ela, compunham uma cena que Manuel achava terna, comovente. Estelita, marota, compensava-lhe a desatenção com seu belo sorriso.

O ritual encerrou-se no raiar do dia, em um clima feliz, próspero. Todos compartilharam o pensamento de uma união harmoniosa e fecunda para os noivos. Concluíram os festejos com o "Hino Internacional dos Ciganos", cantado em romanês, o idioma cigano. Esse hino era uma lembrança do que sofreram em campos de concentração, na Segunda Guerra Mundial, quando muitos ciganos foram exterminados, mas se reergueram e não perderam a esperança de dias melhores:

Rom iugoslavo: Jarko Jovanovic

Dgelem, Dgelem / Dgelem, Dgelem/ lungone dromentsa/ Maladjilem bhartal / Ai, ai, romale, ai shavalê (bis)/ Nais tumengue shavale / Patshiv dan man romale

Ai, ai, romale, ai shavalê/ Vi mande sas romni ay s hukar shavê

Mudarde mura família / Lê katany ande kale Ai, ai, romale, ai shavalê (bis)/ Shinde muro ilô Pagerde mury luma / Ai, ai, romale, ai shavalê (bis)

Opré Romá / Avem putras nevo dromoro Ai,ai romale, ai shavalê (bis)

<u>Português</u>

"Caminhei, caminhei / longas estradas. Encontrei-me com Romá [Ciganos] de Sorte.

Ai, ai, Ciganos. Ai, jovens ciganos. Obrigado, rapazes Ciganos Pela festa em louvor que me dão.

Ai, ai, Ciganos. Ai, jovens Ciganos, Eu também tive mulher e filhos bonitos.

Mataram minha família, /Os soldados de uniforme preto.

Ai, ai, Ciganos. Ai, jovens Ciganos. Cortaram meu coração.

Destruíram meu mundo. Ai, ai, Ciganos. Ai, jovens Ciganos.

Pra cima Romá [Ciganos] /Avante! Vamos abrir novos caminhos. Ai, ai, Ciganos. Ai, jovens Ciganos!"

Cantaram o hino em romanês e em português. Dara chorava de emoção, sentindo na pele o sofrimento por que seu povo passou e ainda continuava passando por ignorância de tantas pessoas que os perseguiam injustamente, atribuindo-lhes responsabilidade por tudo que acontecia de ruim nos lugares onde moravam. Por causa desses preconceitos cruéis, seu pai, o cigano Ígor, foi assassinado, sua mãe a abandonou e Dario, seu grande amor, a deixou. Era injusto para com Miguelito pensar em Dario, estava prestes a se casar, mas os pensamentos vinham rápido em sua mente. Era uma *kaku*, mas era humana. Sentindo-se ameaçado pela emoção que sentia na noiva, Miguelito a estreitou em seus braços, confortando-a com sua força viril.

Miguelito anunciou, em voz alta, que chegava o momento de saborearem as frutas. A mesa das frutas estava magnífica, rica, lindamente decorada. Composta de: maçãs, que simbolizam o amor; peras, ligadas à eternidade e à boa saúde; melancia, a prosperidade, por suas muitas sementes; morangos, por sua cor vermelha, utilizados em poções do amor; uvas rosadas, simbolizando amizade e prosperidade; figos, um estimulante sexual; romãs, amoras, cerejas e melão, cada qual com seu significado.

Capítulo XIX

Dia Seguinte ao Ritual

Dara dormiu poucas horas, porque havia idosos a ser atendidos. Nesse tempo que ficou no acampamento de Ramon, preparou duas mulheres para substituí-la no preparo e aplicação dos medicamentos fitoterápicos. Amava os idosos e não queria que nada lhes faltasse depois que partisse com Miguelito. Os idosos eram tratados com carinho e consideração entre os ciganos, consultados a respeito de decisões importantes a ser tomadas pelo clã, que valorizava a experiência que tinham a transmitir. Uma senhora, a cigana Albertina, despertou em Dara um afeto especial: era cega, abandonada pela família, que partiu para o exterior em busca de um futuro melhor, trabalhando para os *gadjés*. A cigana Albertina era clarividente e os aconselhou a não viajarem, mas eles se foram. Não voltaram mais para buscá-la e nunca conseguiram o recurso para retornarem. Eram ilegais no país.

A idosa tinha feridas nas pernas, tratadas por Dara com medicamentos à base de ervas, emplastros, pomadas e compressas, e que já estavam cicatrizando. Por isso, essa senhora considerava Dara como seu anjo.

Dara utilizava a energização com a imposição das mãos, também, no tratamento das feridas para equilibrar a mente e o corpo de Albertina. Estava concentrada, de olhos fechados, suas mãos transmitindo energia à senhora, quando se sentiu observada, alguém a olhava de longe. A pessoa aproximou-se. Dara abriu os olhos e a viu: os mesmos olhos negros, os mesmos lábios carnudos. Uma senhora vestida elegantemente, de calça comprida, com camisa de seda estampada, brincos de pérolas e um lenço de seda na cabeça, cobrindo parcialmente os cabelos meio grisalhos. Ambas se olharam fixamente, por alguns momentos. Dara cedeu, sorrindo tímida, com um aceno de cabeça.

Era observada da cabeça aos pés, mas não se intimidou. Advinhava quem estava à sua frente: a mãe de Miguelito, a cigana Carmem.

E a cigana Carmem também sabia que aquela moça era Dara, a mulher por quem seu filho se apaixonou perdidamente.

"Pudera, é uma mulher forte, lindíssima", pensava Carmem, "como meu filho me relatou".

Miguelito e ela não tinham segredos um com o outro. Carmem sabia que Dara amou muito outro homem, um *gadjé*. A senhora era astuta, via que a moça ainda carregava o passado na alma – seus esplêndidos olhos dourados revelavam sofrimento, perdas, renúncias. Não via libertação neles.

Para quebrar o gelo entre elas, Carmem a acompanhou nas visitas que fazia. Foram a todos os 20 leitos ocupados com os idosos. Dara tinha um sorriso e uma palavra carinhosa, de esperança, a cada pessoa e, conforme observou Carmem, era amada por eles – sinal de que era sincera, não estava fazendo isso para impressioná-la.

As duas noras que Carmem teve, ex-esposas de Miguelito, eram submissas e bajuladoras, por causa da riqueza dela, da generosa pensão que recebiam da sogra. Carmem via esse interesse delas com desprezo. Percebeu o quanto Dara era autêntica nas horas que passaram juntas. Falava somente o necessário, expressava-se com fluência gramatical, era inteligente, bem preparada para a vida. Carmem, como a maioria das ciganas de sua época, só havia frequentado três anos de escola, o suficiente para ler e escrever, mas na idade adulta, em que expandiu a venda de carros importados, aprendeu com fluência o inglês, o alemão e o romanês para poder negociar com seus clientes. Rebelava-se contra os costumes conservadores dos ciganos: usava calças compridas, salto alto. Cortava e tingia os cabelos.

Carmem expulsou o marido de casa, após alguns anos de casamento, pelo fato de ele traí-la descaradamente com moças *gadjés* e pela agressividade com que a tratava. Muitos homens ciganos surravam as esposas pelo motivo mais banal e elas se calavam, com medo de serem abandonadas com muitos filhos, em uma situação de miséria. Na primeira vez que ele levantou a mão para agredi-la, ela o expulsou de casa, ameaçando matá-lo com uma arma. Ele foi embora para o mundo dos *gadjés*, não mais voltando para visitá-la nem ao filho. Carmem não pronunciou mais o nome do marido em casa após esse dia.

Carmem sempre trabalhou. Desde pequena vendia carros com seu pai, de forma que ela e o filho não passaram dificuldades: ela prosperou ainda mais, usando a herança dos pais em ações que lhe renderam muito.

Carmem casou o filho Miguelito quando ele tinha 16 anos, um casamento arranjado pelas famílias. Miguelito teve dois filhos desse casamento e separou-se após três anos. Tentaram voltar por duas vezes, sem sucesso: Miguelito traía a esposa, não a amava, tratava-a mal. Carmem não permitiu mais que fizessem outra tentativa de reconciliação, desculpando o comportamento do filho, colocando-se contra a nora. Sua ex-esposa foi morar em Portugal, vivendo à custa da sogra, que lhe enviaria uma mesada até que os filhos crescessem e pudessem sustentá-la. Miguelito só procurou pelos filhos quando estavam adultos; o contato foi rápido, formal.

Carmem tentou segurar o filho Miguelito ao lado dela, mas Miguelito revelou um temperamento aventureiro, nômade, não se deixava controlar pela forte personalidade da mãe: viajava por diversos países, vendendo carros, divertindo-se com prazeres mundanos. Viveu alguns anos assim, sem se prender a ninguém e a nada, ganhando muito dinheiro. Casou-se de novo, com uma cigana que conheceu na Hungria, trouxe-a para a Espanha e viveram juntos por cinco anos. Era uma mulher linda, de pele morena jambo, cabelos negros e lisos como de uma índia, compridos até os quadris, um corpo escultural, olhos rasgados e negros, dentes brancos e lábios cheios, rosados. Miguelito não a amava. Passou a deixá-la sozinha em casa.

Tiveram dois filhos. Ela tentou salvar o casamento, queria distanciá-lo das mulheres *gadjés* e das ciganas, mas ele se sentiu sufocado e se distanciou mais. Passava temporadas nos acampamentos ciganos, longe dela, em tendas confortáveis que comprava e depois as doava, indo para outros lugares. Ela teve uma forte depressão e seus pais convenceram-na a voltar para a casa deles, na Hungria. Divorciou-se de Miguelito. Por exigência da sogra Carmem, ela deixou os filhos sob o cuidado da sogra, passando-lhe a guarda deles. Não voltou mais a ver seus filhos e casou-se com um *gadjé*.

Miguelito, por sua vez, pouca atenção dava aos filhos Diogo e Safira, sempre viajando e se aventurando com mulheres das mais diversas nacionalidades. Confiava que a mãe os educaria muito melhor do que ele próprio. Verdade: Carmem deu-lhes ótimas escolas, professores particulares de línguas, ensinou o ofício de revenda de carros estrangeiros, preparou-lhes para um futuro promissor, mas sentia que os netos deveriam passar mais tempo com o pai. Esperava que Dara fosse uma segunda mãe para eles.

Pelo tempo que passou na enfermaria com ela, Carmem teve a certeza de que era uma pessoa generosa com todos, um coração puro, sofrido. Dara cativaria seus netos, sem esforço algum – ela sentia.

"Mas ela amaria realmente seu filho um dia? O olhar de Dara às vezes era tão longínquo; parecia ter deixado alguém em outro lugar..."

Carmem conhecia sua capacidade de se comunicar telepaticamente e desconfiava que a nora tivesse contato com o antigo amor, mas não diria nada a Miguelito.

Diogo e Safira procuravam pela avó. Entraram na enfermaria e viram Carmem perto de um leito, conversando com uma anciã, da qual Dara limpava uma ferida no braço. Observaram a cena por alguns momentos, avaliando a futura madrasta, surpresos com a beleza de Dara e com a gentileza de suas maneiras. Aproximaram-se, tímidos. A avó acolheu-os com o abraço costumeiro. Os dois irmãos e Dara entreolharam-se, meio encabulados. Dara sorriu, docemente, desarmando-os.

Diogo e Safira sentiram que não havia hostilidade de Dara com eles; muito pelo contrário: os belos olhos dourados da noiva de seu pai eram acolhedores, ternos. Os irmãos eram carentes de aconchego materno, foram educados para obedecer à avó, como todos os jovens ciganos. Dara se aproximou deles e lhes disse que eram bem-vindos, estava muito feliz em conhecê-los. Abraçou Safira carinhosamente, e, em seguida, Diogo. Quando abraçava Diogo, a cigana sentiu um arrepio forte percorrer todo o seu corpo, a sensação de que esse jovem era muito próximo a ela, de outras encarnações.

Carmem observou a cena, aprovando a esposa que seu filho havia arranjado: Dara era mesmo uma alma boa e pura. Os dois jovens amaram-na instantaneamente, sentiram-se felizes e confiantes em permitir que a linda cigana entrasse na vida deles. Interessaram-se pelo trabalho dela na enfermaria, fizeram-lhe diversas perguntas a respeito de seus métodos de cura, de seus medicamentos. A conversa entre os três fluiu, sem constrangimentos. Carmem, que não acreditava na reencarnação, um tanto cética quanto aos reencontros, sentiu que havia uma ligação forte entre eles.

Quando Dara terminou seu trabalho, à noitinha, Carmem a esperava.

Como Miguelito, sentia-se apreensiva com o aparente descaso de Dara com os preparativos do casamento. Levou Dara em sua tenda, para mostrar-lhe o traje de noiva que havia comprado para ela.

Dara ficou sem fala por alguns instantes ao ver o vestido, tão esplendoroso... Olhou para o que estava usando, gasto, quase puído, percebendo a diferença gritante dos mundos, mas se recompôs e agradeceu à Carmem, emocionada com o traje de rainha que usaria. Disse, contudo, que não usaria o véu que compunha o traje: usaria na cabeça uma tiara de flores do campo. Carmem olhava para o véu bordado com rubis e não acreditava que Dara o recusava... Sentiu-se ainda mais desconcertada quando Dara lhe confirmou que o casamento duraria um dia e meio somente... e apenas os ciganos do acampamento mais um casal de amigos seus compareceriam.

Inconformada com as decisões de Dara, Carmem pediu conselhos a Manu, a quem conhecia bem. Admirava Manu pelo trabalho que realizava em prol dos ciganos do mundo todo. Carmem patrocinava diversas viagens e palestras dele, acreditava em seu trabalho, em seus propósitos de melhorar a vida dos irmãos ciganos. Manu, conhecedor como poucos do espírito cigano e amigo de Dara desde a infância, aconselhou Carmem a deixar a nora livre para escolher, assim se aproximariam mais uma da outra.

"Dara", dizia ele, "é um espírito livre e precisa se sentir livre mesmo depois de casada. Ela, com certeza, pedirá bem pouco para si mesma".

E Carmem, acostumada a ter a palavra final em tudo, teve de se curvar à futura nora, pensando também nos próprios interesses: tê-la próxima para cuidar dela, no futuro, como cuidava dos idosos no acampamento.

Carmem vivia parte de seu tempo em um condomínio de mansões, na Espanha, na Andaluzia. Diversos ciganos abastados viviam nesse local, com toda a infraestrutura de condomínio de luxo: escola, salões de festas, área para *trailers*, atendimento médico, enfermeiras. Normalmente, nas famílias ciganas, a sogra vivia com os filhos casados e tinha participação ativa nas decisões da casa, educação dos netos. Conhecia-se bem, sabia que ela não era fácil de se conviver no dia a dia, por isso deu ao filho uma casa próxima à dela, esperando que um dia ele a habitasse nesse condomínio com uma esposa. Miguelito permanecia poucos dias do ano na casa; estava sempre viajando. Agora, com o casamento, teria uma vida doméstica mais regular. Carmem sentia-se cativada por Dara: o carinho com que ela tratava os enfermos, os netos e a ela mesma, confirmavam que estava diante de uma pessoa bondosa, teimosa, conflituosa.

Via seu filho perdidamente apaixonado, desvelando-se em atenções para com a noiva, como nunca fizera. Intuitivamente, percebia que ele sofria com a introspecção de Dara. Miguelito se virava na cama, à noite. Não dormia bem, preocupado em ser amado por Dara. Ainda não tinha certeza do amor dela por ele. Temia ser abandonado e desonrado, ou seja, vivia momentos de forte ansiedade. Carmem sofria pelo filho como se ele ainda fosse uma criança.

As preocupações de Carmem e Miguelito tinham fundamento, Dara acordava todos os dias pensando em Dario, ele vinha chamando por ela, em pensamento: ele estava triste, mergulhado em uma depressão perigosa, profunda, desde o acidente. Dara não se atrevia a ligar para irmã Lúcia, temendo seus próprios sentimentos. Queria ser feliz com Miguelito. Entre eles dois não havia as barreiras culturais como as que existiam entre ela e Dario. Miguelito a atraía, a alegrava com seu modo jovial e extrovertido de ser, mas faltava algo: espiritualidade, compatibilidade de almas.

Dara lembrava-se da atenção com que Dario ouvia suas histórias e se sensibilizava com a vida sofrida que ela teve, tentando confortá-la com palavras encorajadoras. Lembrava-se também da dor em seus olhos, quando seu pai os surpreendeu juntos, no passado, obrigando-lhe a se afastar de Dara. Viu o mesmo sofrimento nos olhos de Dario quando se reencontraram no hospital, recentemente, na noite em que sofrera o acidente. Dario, mais uma vez, mostrou-se fraco na presença do pai. Demonstrou que não enfrentaria a autoridade do coronel Danilo, mesmo amando a cigana. Tiveram de se separar, mas não se esqueceram jamais. Dario nunca mais foi feliz.

"O que fazer agora?", perguntava-se. "Ligo ou não para a irmã Lúcia?

Não queria ver nas cartas o que acontecia com Dario, tinha medo. E não poderia desonrar Miguelito. Seria um ultraje contra a honra dele.

No dia seguinte, Dara levantou-se bem cedo, foi até a mata, realizar um ritual de limpeza energética. Não percebeu que Carmem a seguia e a aguardava em um local da mata.

Dara adentrou na floresta. Despiu-se, passou em seu corpo a argila medicinal que havia na beira do riozinho, massageando-o. Secou-se ao sol e, após alguns minutos, banhou-se, proferindo palavras ritualísticas de poder, de limpeza energética. Pediu aos ciganos do astral força para se livrar dessa obsessão por Dario e libertação para que pudesse ter o coração fiel ao marido que desposaria em breve.

Entoou cânticos dos *kakus*, respirou profundamente, silenciou, até que a paz invadiu seu ser. Sentiu-se mais leve. Vestiu-se e preparou-se para voltar. Teria uma hora de caminhada pela frente.

Vinha cantando, e levou um susto ao ver Carmem sentada em um tronco de árvore caído no caminho, aguardando por ela. Sentiu que Carmem havia percebido o conflito que ela enfrentava, mas, a despeito de tudo que já ouvira sobre ela, não se sentiu ameaçada. Carmem tinha um ar amigável. Vestia-se de modo juvenil, descontraído: um vestido solto, com estampa de flores, logo abaixo dos joelhos, sandálias, os cabelos presos por uma trança. Era uma maneira "atrevida" para as ciganas, cujas saias eram sempre longas.

Carmem pegou nas mãos de Dara e sentaram-se na beira da estrada. Pediu à nora que desabafasse, esquecesse que ela era a mãe de seu noivo, que apagasse da cabeça tudo que ouviu a respeito dela, pois, naquele momento, se encontrava ali como amiga. Dara, sentindo um sufoco no peito, começou a chorar, parecendo uma criancinha carente. Carmem afagou seus cabelos, como uma mãe faria, e Dara falou, abrindo seu coração, da ligação que tinha com Dario, da dúvida ao que sentia por Miguelito, o medo de ser infeliz e fazer o noivo infeliz, a vontade que tinha de estar nos braços de Dario novamente e como se envergonhava disso.

Carmem a ouviu sem interromper, de olhos fechados, procurando entender a mulher que estava ao seu lado, o ser humano Dara. Ela própria já tivera tantos conflitos e, muitas vezes, não tinha com quem desabafar, por isso sabia o quanto o acúmulo de emoções podiam trazer sofrimento. No desabafo de Dara, percebia pedidos de socorro de uma alma pura, incapaz de prejudicar alguém intencionalmente. Dara sobreviveu muito nova a perdas e traumas profundos – ponderava Carmem –, tendo de crescer muito jovem; amou intensamente alguém e o perdeu; vagou só pelo mundo, temendo se apegar a outra pessoa, até que conheceu Miguelito. E iria se casar com ele. Como poderia não estar amedrontada?

Carmem olhou profundamente para os estupendos olhos dourados de Dara. Via neles a sabedoria de uma *kaku* sensitiva e também uma carência tão forte que a emocionava. Sentia um carinho por Dara que nenhuma das noras anteriores lhe despertou. Aconchegou-a em seus braços por alguns minutos, transmitindo-lhe amor maternal e firmeza. Dara se deixou abraçar, sentindo saudade de sua falecida mãe Maria, sua mãe adotiva. Tranquila, serena, aconchegada. Dara olhou com gratidão para Carmem, que se derreteu com a bondade que esses olhos transmitiam.

"Precisava transmitir confiança a Dara para que ela finalmente decidisse ser feliz com seu filho", pensava Carmem.

Não tentou convencer a nora de nada – simplesmente a escutou, facilitou para que ela ouvisse a voz da razão. Não conseguiria ser feliz entre os *gadjés*. Voltaram para o acampamento de mãos dadas, sentindo-se unidas. Dara sentia-se em paz, confiante.

Helena, desde bem cedo, movimentava toda a equipe que preparava a decoração do acampamento para a festa de casamento, que aconteceria em três dias. Havia muita gente trabalhando, ornamentando as tendas nupciais, o palco. Toda a área do acampamento estava sendo organizada. Carmem doou materiais de limpeza, tecidos, roupas e outros materiais importantes para que a festa fosse simples, com poucos convidados, segundo o desejo de Dara, mas linda, requintada, como seu próprio desejo. Logo que voltaram ao acampamento, Dara foi à procura dos enteados para que a acompanhassem nas visitas aos enfermos. Safira quis ir à cidade com a avó, mas Diogo aceitou logo o convite; queria auxiliá-la no trabalho. Estava encantado com os atendimentos aos enfermos, com as plantas medicinais, queria aprender mais com Dara.

"Miguelito não dá muita atenção aos filhos", observou Dara. "Terei de lhe ensinar a ser pai. É uma pena, pois os jovens são educados e de boa índole."

Diogo estava fascinado com a futura madrasta e não escondia isso.

Miguelito, infantilmente, afastava-se dos dois, sentindo-se rejeitado. Ele não se interessava tanto pelo trabalho de Dara, mas respeitava os *kakus* e sabia que eram importantes para os necessitados. Se fosse possível, afastaria Dara da função de *kaku* para que ficasse mais disponível, mas sabia que se a proibisse de exercer esse trabalho, ela o deixaria.

Não gostava da atenção que Diogo dava a ela e vice-versa nem percebia que, se tivesse dado mais atenção aos filhos, poderia conhecê-los melhor. Diogo era um jovem sensível, humanitário, com dons para cura e que vinha se sentindo frustrado há anos por estar sendo preparado para ser um administrador de empresas e não um *kaku*.

Diogo tinha um sinal de nascença característico de um *kaku*: uma mancha em formato de estrela na região do peito. Desde criança ele dizia que era a marca de um *kaku*, mas ninguém lhe dava atenção. Há tempos Diogo comentava com a avó sua vontade de curar as pessoas, queria aprender com os *kakus*, mas Carmem, autoritária, fez com que ele se tornasse o que ela queria que fosse: administrador de empresas. Diogo era submisso, tímido. Não ousava se rebelar.

Safira era mais parecida com a avó: firme, materialista, racional. Ela não perdia tempo com conflitos emocionais, era prática. Safira acompanhava Carmem nas viagens que fazia a trabalho: já havia, inclusive, efetuado vendas de carros no lugar da avó e queria continuar nesse ramo lucrativo.

Carmem se preocupava com Diogo, sempre introspectivo, solitário, sensível. Temia que fosse homossexual, embora ele negasse, porque poderia ser segregado e até banido da tribo. Os ciganos não toleravam isso. Diogo era amável com os idosos, com as mulheres, com os animais, tinha um comportamento diferente dos rapazes de sua idade e nunca havia sido visto com garotas. Carmem sabia que riam dele, faziam insinuações maldosas e a situação só não era pior porque temiam represálias vindas dela, que tinha forte influência nos clãs. Era um aluno aplicado, tirava as melhores notas, mas se mostrava insatisfeito com os estudos. Carmem tinha esperança de que com o tempo ele se interessasse pela carreira administrativa.

Observando Diogo conversar animadamente com Dara a respeito de ervas medicinais e curas, percebeu que esteve se enganando todo esse tempo. O neto olhava atentamente para a futura madrasta, absorvendo cada palavra que ela lhe transmitia, com sede de aprender.

Percebeu o filho Miguelito olhando para os dois com ciúme e tentou distraí-lo com outro assunto, para deixar o neto à vontade com Dara: não o tinha visto, ainda tão feliz, tão interessado nas curas com as plantas. Diogo auxiliou Dara a preparar alguns medicamentos e pomadas, assim como a analisar os sintomas das doenças que tratavam. Confessou a Dara que queria ser um *kaku* e que desejava ser iniciado por ela e Ramon. Dara concordou, emocionada, querendo compartilhar a notícia com Carmem e Miguelito, mas pressentiu que deveria se preparar melhor.

Na hora do almoço, percebeu o olhar enciumado de Miguelito em direção a ela e ao filho. Diogo também percebeu certa animosidade do pai em direção a ele, mas uma força nascia dentro dele para ser o que sonhava ser.

Dara foi falar com Carmem, a respeito do dom de cura que Diogo possuía, impressionada com a rapidez com que o rapaz aprendia.

Era algo que Dara ainda não tinha visto: nem ela mesma, que recebeu o dom quando nasceu, desenvolveu-se com tal velocidade. Parecia que o conhecimento represado na memória de Diogo, por todos esses anos, vinha à tona de uma vez. As mãos dele eram quentes, apropriadas para curas, e instintivamente ele possuía o conhecimento das plantas:

"Estava alojado em seu espírito", pensava Dara. "Só necessitaria ser despertado."

Por isso se sentiu quase que de imediato ligada ao menino. Falou isso para Carmem, que a ouvia, a princípio incrédula, depois confirmando interiormente suas suspeitas, nada respondendo, somente ouvindo a voz suave e firme de Dara, que penetrava em seu espírito, como que desvendando um segredo. Carmem sentia que Dara estava utilizando a magia dos *kakus*: convencia por meio do reconhecimento da verdade, a de que o neto era um *kaku*, o que penetrava cada vez mais fundo em sua consciência. Via nesse instante quantas vezes o reprimiu, não querendo deixá-lo revelar seu dom. Temia que ele desenvolvesse sua sensibilidade. Os *kakus*, geralmente, são pessoas de pouca ou nenhuma posse: renunciam à riqueza em nome da espiritualidade e do amor ao próximo.

Diogo era delicado, suave, mas nunca foi visto se relacionando. Era lindo: moreno de olhos verdes, magro e alto, cabelos lisos e compridos, ombros musculosos por causa dos esportes que praticava. Chamava a atenção das garotas, mas não olhava para elas nem as namorava.

Carmem agora via claro que uma coisa não tinha a ver com a outra: Ramon era um *kaku*, um homem másculo, sedutor; já seu neto era um espírito sensível, guardava-se para a mulher que amaria, não havia ainda encontrado sua alma gêmea. Dara transportou-lhe para dentro de si mesma, tirando uma venda de seus olhos. Admirou, mais uma vez, a coragem e a força da nora.

A distância, Diogo olhava, esperançoso, para as duas mulheres; elas lhes retribuíram com um sorriso encorajador. Feliz, a força para ir em busca de seu sonho cresceu mais dentro de si. Estava calmo, confiante.

Dara chamou Miguelito a sós e, carinhosamente, disse-lhe que queria que o casamento desse certo, que estava se libertando do passado. E, com serenidade, mencionou o dom de Diogo, assim como a importância de ele ter um pai presente. Essa era a condição para ser mulher dele: queria ter os filhos próximos a eles e cada um poderia escolher o próprio caminho. Eles apoiariam. Ela ensinaria a Miguelito ser um bom pai e um bom marido, assim como ele a ensinaria a ser uma boa mãe e boa esposa. Miguelito a ouvia, comovido. Sua voz doce e feminina penetrava seu espírito, chegando ao seu coração. Nunca antes sentira tanto amor por uma mulher como agora, e estava disposto a transformar-se ainda mais, por Dara. Reconhecia como foi ausente com os filhos e disse que estava disposto a aprender a ser pai, a ser marido. Ficaram em silêncio, de mãos dadas, sentindo seus espíritos se unirem.

Carmem, emocionada com a cena que assistia, deixou escorrer uma lágrima por sua face, que disfarçou, para manter a postura de "durona". Os três – Dara, Miguelito e Diogo – dirigiram-se a Ramon para pedir que iniciasse o rapaz como *kaku*. Diogo estava radiante, seus olhos brilhavam; ele próprio pediu a Ramon que o iniciasse com uma segurança que até o surpreendeu. Ficou combinado que, após o casamento, Diogo permaneceria um tempo no acampamento, para receber a primeira iniciação de *kaku*. Eram três iniciações, que aconteciam no percurso de três anos. Nesse tempo, os futuros *kakus* passavam por provas de resistência, coragem. Segredos espirituais eram revelados, por ciganos da alta esfera do astral, que auxiliavam nas curas e magias da terra. Ramon conseguia ver o dom de Diogo, que vinha veloz. A luz emanava de um ponto entre as sobrancelhas.

"Como *kaku*, Diogo se fortaleceria, sua masculinidade se desenvolveria", garantiu Ramon, em particular a Miguelito, que o ouvia respeitosamente, tentando se adaptar a uma nova maneira de ver a vida.

O ciúme também se dissolvia no coração de Miguelito, sentindo-se correspondido por Dara, e essa confiança dava-lhe abertura para os filhos entrarem em sua vida. Naquela noite, conversou um tempo com a filha Safira como jamais o fizera e encontrou nela muitos pontos em comum com ele.

Safira era comunicativa e queria ganhar muito dinheiro com vendas, assim como a avó e o pai. Respeitava as tradições ciganas, mas considerava alguns costumes retrógrados, ultrapassados. Usava calça jeans, como qualquer jovem da nova geração de ciganos, que absorveram a moda dos *gadjés*. Todavia, achava o homem cigano másculo, sedutor. Sentia que seria entre as pessoas de seu povo que encontraria o homem de sua vida. Não era tão bonita quanto seu irmão Diogo, mas seu carisma e o corpo escultural davam-lhe "ibope". Assim como a avó Carmem, Safira seria uma líder.

Dara plantava a semente do bem naquela família e todos floresciam. Trabalhou até a véspera de seu casamento, na enfermaria, assistida por Diogo e pelas jovens ciganas, que a substituiriam.

Uma dessas jovens, Silvana, continuaria o trabalho de Dara e iria estudar enfermagem na cidade, aprofundar seus conhecimentos. Carmem e Helena conseguiram para ela uma vaga na escola da cidade, bem como o consentimento dos pais, ciganos de mente mais aberta, para que a filha se profissionalizasse.

Silvana sentiu-se imediatamente atraída por Diogo. Viu nele um rapaz especial, sensível, melhor do que todos que conhecera até então. Ela lhe ensinava o que havia aprendido com Dara e os dois compartilharam experiências. Diogo está ávido por aplicar o que aprendia.

Estelita e Manu

Estelita provocava mais e mais Manu, a ponto de permitir-lhe que acariciasse todo o seu corpo, só poupando-lhe a virgindade, o trunfo que usava para que ele a pedisse em casamento. Manu dormia e acordava pensando nela. Tornou-se uma obsessão possuí-la; finalmente, não aguentando mais, pediu sua mão em casamento, indo direto a seus pais e oferecendo-lhes um generoso dote por ela. Os pais aceitaram de bom grado: há tempos se preocupavam com o comportamento namorador e livre da filha, temiam não conseguir casá-la. Com o dinheiro que Manu lhes oferecia por Estelita, poderiam dar roupas melhores às filhas menores, que eram também tão bonitas quanto Estelita.

Para algumas famílias ciganas, o dote recebido com o casamento da filha garantia a sobrevivência da família. Em um acampamento, compartilhavam a alimentação, mas cada um vivia com o salário que conseguia, de acordo com o trabalho que executava. Havia alguns ciganos ricos, vivendo em sofisticados *trailers*, em acampamentos pobres, onde conviviam com os menos afortunados, porque tinham amigos no lugar. De espírito nômade, não se fixavam, e tendo bens materiais, faziam doações generosas aos clãs por onde passavam. Ficavam por vezes anos em um mesmo lugar, mas tinham conforto, conquistados com o próprio trabalho. Podiam trabalhar para os *gadjés* ou ter o próprio negócio, na cidade, e retornar, à noite, aos acampamentos e dormir em suas tendas ou *trailers* confortáveis.

Os pais de Estelita eram pobres, fabricavam panelas, vendiam-nas em feiras e não tinham ambição de ganhar dinheiro como ferreiros. O que ganhavam mal dava para comprar roupas, sempre necessitando do auxílio dos mais endinheirados, até para as despesas básicas. Viviam naquele acampamento por se sentirem seguros com Ramon. Temiam passar por dificuldades em outro lugar. Só aprenderam o ofício a que se dedicavam e confiavam na administração de Helena, que trazia progresso ao acampamento.

Estelita sentia desprezo por eles, ao mesmo tempo que se compadecia, desculpando-os com o fato de não terem estudado. Ela adorava estudar, queria adquirir cultura e conhecimento para ser uma profissional de destaque fora daquele mundo pequeno e pobre em que cresceu. Felizmente, nasceu bela e desejável, deixava Manu louco de desejo.

Aceitou ficar noiva de Manu depois do casamento de Dara. Não queria dividir as atenções; o foco era Dara, agora. Sentia receio somente de uma pessoa: Helena. Temia que ela percebesse o quanto estava sendo interesseira, calculista. Nem imaginava que Helena percebera desde o começo seu jogo de sedução com o filho Manu, mas não quis se intrometer. No fundo, Helena compreendia Estelita: o casamento com Manu seria sua salvação. Já havia tentado inúmeras vezes convencer os pais de Estelita a permitirem que a jovem estudasse, sem sucesso. Não podia ir contra a autoridade paterna, a tradição cigana pregava a obediência dos filhos aos pais e a ninguém era permitido interferir, nem mesmo à mulher do líder da tribo.

Helena gostava de Estelita, conhecia seus defeitos e qualidades melhor do que ninguém. A menina passava o tempo todo ao seu lado durante o trabalho. Estelita era inteligente, ávida por conhecimento. Seu potencial estava sendo desperdiçado, uma vez que não tinha acesso à educação e, por isso, Helena a apoiava sem quem ela soubesse.

Dara antes do casamento

Para Dara, cada dia representava um novo desafio em relação a seus sentimentos: ela não permitiria que o amor por Dario interferisse na sua felicidade com Miguelito, seria fiel a ele. Pediu a Deus e aos espíritos ciganos que afastassem Dario de seus pensamentos. Estava prometida a outro homem.

Sonhou, novamente, com Dario, nas vésperas de seu casamento. Tirou uma carta do tarô: o Sol, a Luz, Felicidade. Dario a amava e chamava por ela, mas estava decidida a ser feliz com Miguelito. Ela precisava direcionar os próprios pensamentos, ter o domínio interno de uma *kaku* e o compromisso de uma noiva cigana de ser fiel de corpo e alma. O amor por Dario preencheu sua vida durante muitos anos, mas iniciaria um novo ciclo, de renovação.

Miguelito seria um amante experiente e sentia falta do prazer que o sexo lhe proporcionou um dia, com Dario. Desejava ser penetrada, novamente, por um homem viril, que saberia como satisfazê-la. Aprenderia a amar Miguelito da maneira como ele era, sem compará-lo a Dario.

Dara queria ser mãe, gerar um filho, dar-lhe o amor e a segurança que não teve. Maria e Manuel, seus pais adotivos, se foram quando ela era jovem demais. Depois disso, vagou por diversos lugares, sofreu, foi feliz em outras vezes, arrumou bons amigos, leu a sorte para muitas pessoas, adquiriu conhecimento, mas a incerteza habitou sempre seu coração: havia uma luta constante em seu íntimo. E agora, prestes a se casar, enfrentava um conflito interno doloroso, sentimentos diversos misturados, dúvidas. Precisava se desapegar do amor que sentia por Dario para se reconstruir, assim como se desapegava dos lugares onde morava, mas havia uma ligação muito forte entre ela e Dario, desde que se conheceram. Um sentia o sofrimento do outro, era inexplicável por palavras. Dario pensava nela, sofria e ela sentia...

Dara penetraria em outro mundo, casada com Miguelito. Não permitiria que a moldassem como se fosse uma pedra bruta. Carmem era dominadora e Miguelito, também. Dara usaria suas defesas psíquicas para ser ela mesma.

A presença de Carmelita em sua tenda a equilibrava, queria conservá-la próxima. Carmem também se tornou amiga dela; tão diferentes uma da outra, porém uma forte empatia havia entre elas, complementavam-se. Carmelita, com sua linda voz, cantando lindamente, elevava a vibração do ambiente em que estava. Enquanto bordava, cantava, quase não falava. Carmem amava ouvir seu canto e, para compensar, falava pelas duas.

Dara pediu a Carmem que a levasse para a Espanha, a fim de que morassem próximas após o casamento. Carmem aceitou prontamente, convidando Carmelita a morar com ela. Esta, emocionada, aceitou. Nada a prendia ao acampamento e queria continuar sendo necessária a Dara, a quem amava.

CAPÍTULO XX

O Ritual de Despedida - o Casamento Cigano

Desde pequenas, as meninas ciganas são prometidas em casamento. Os acertos normalmente são feitos pelos pais dos noivos. O casamento representa a continuidade da raça. O casamento com os não ciganos é proibido. Quando acontece, a pessoa é excluída do grupo – embora um cigano possa casar-se com uma *gadjé*, que deverá, porém, submeter-se às regras e às tradições ciganas. Os noivos não podem ter tipo algum de intimidade antes do casamento. Muitos ciganos no Brasil ainda exigem a virgindade da noiva, comprovada pela mancha de sangue do lençol, mostrada a todos no dia seguinte. Caso ela não seja virgem, pode ser devolvida para os pais e esses têm de pagar uma indenização para os pais do noivo. No caso da noiva ser virgem, na manhã seguinte do casamento ela se veste com uma roupa tradicional colorida e um lenço na cabeça, o *diklô*, simbolizando que é uma mulher casada.

Rompendo com as tradições

Atualmente, as tradições vêm sendo modificadas em alguns clãs: é permitido o casamento de uma mulher cigana com um *gadjé*, a virgindade da noiva não é tão exigida, mulheres casadas não são proibidas de andar sem véu. As festas de casamento já não duram tantos dias.

Dara concordou com uma festa de um dia e meio de duração, com poucos convidados. Ramon celebraria o casamento no acampamento.

Montaram um altar para os noivos e lindas tendas para os rituais que acompanham a cerimônia.

A hora do casamento se aproximava. Todo o acampamento já estava lindamente arrumado, as tendas ornamentadas com flores brancas e vermelhas. Tudo feito pela equipe de Helena, que trabalhava havia 20 dias na confecção das flores e na decoração.

Dara, em sua tenda, tomava banho de pétalas de rosas em uma grande tina de madeira que Miguelito comprou para esse dia. Quis ficar sozinha, ter uns minutos a sós para meditar e orar nesse momento tão sublime que antecedia um casamento. Os ciganos, respeitosamente, fizeram silêncio no entorno da tenda da noiva.

Todos se preparavam para o ritual desse dia. Somente após a celebração do dia seguinte é que os noivos dormiriam juntos: haveria um ritual de despedida para os homens, na tenda reservada ao noivo, e um ritual das mulheres, na tenda reservada à noiva.

Por ser uma *kaku*, a própria Dara conduziria o ritual: mulheres casadas e viúvas se reuniriam, entoando cantos, evocando a harmonia para a vida do casal, seguido por algumas orações; beberiam vinho tinto para descontrair e atrair bons fluidos à noiva; cabia à mulher a harmonia conjugal.

Dara, com 35 anos, não era jovem nem virgem; por isso, não haveria o momento do esclarecimento do ato sexual, à noiva, conforme o costume; em vez disso, as mulheres a aconselhariam a respeito do casamento. Todas deveriam dar seu parecer e serem ouvidas com atenção. Em seguida dançariam, cantariam, até se cansar. Esses rituais eram alegres, descontraídos, uma preparação para o casamento oficial.

Logo as mulheres chegariam. Dara estava desanimada mesmo depois da decisão de afastar Dario definitivamente de sua vida. Tirou uma carta do tarô para confirmar seus pressentimentos: saiu a carta dos Enamorados. Já esperava por isso: a carta da indecisão, da escolha entre dois homens, Dario e Miguelito.

"Como podia ainda ter dúvida? Que angústia é essa que invade minha alma, que me divide dessa maneira?", Dara se questionava, aflita, sentindo-se culpada. "Por que meus dons de *kaku* não me ajudam a resolver meu próprio dilema?"

Dara estava se arrumando quando Helena entrou e, olhando para aqueles belos olhos, viu que Dara ainda pensava em Dario e estava com medo do passo que daria. Helena a conhecia. Aproximou-se de Dara e a abraçou... demoradamente... Acariciou seus cabelos sedosos e perfumados. O corpo de Dara rescendia a óleo de flores; ela trajava um vestido longo, vermelho; uma rosa dourada adornava seus cabelos.

"Tão linda e tão sozinha", pensava Helena, mas não disse nada.

Dara se sentia mais confortada com a presença de sua amiga Helena, que conhecia seus conflitos internos e não a julgaria, porque era bondosa e sábia.

Helena olhou com carinho para Dara, dizendo-lhe, com firmeza: "Você será feliz, Dara, acredite. Tire o peso da culpa desse coração".

Dara se sentiu melhor, em paz:

"Não devo hesitar agora", ponderou, saindo daquele estado de autopiedade.

"É por isso que Helena transformava a vida das pessoas: ela tinha o poder de trazer a palavra certa na hora certa", pensava Dara.

As mulheres chegavam à grande tenda branca da noiva, lindamente preparada para o ritual. Tapetes persas, trazidos por Carmem, foram espalhados no chão para que todas se sentassem em volta da noiva. Dara entrou e todas a admiraram, tão linda com os cabelos soltos, maquiada com sombra dourada e lápis preto nos olhos, batom vermelho. Trajava um vestido vermelho sensual que Miguelito comprou para essa primeira noite do casamento. Cumprimentou a todas e sentou-se em uma almofada grande, vermelha, com bordados dourados, colocada no centro; ao redor dela, vasos com lírios e jasmins perfumavam todo o ambiente. Foi colocada uma mesa com frutas, vinho e guloseimas. Vinte mulheres estavam presentes, falando, rindo alto. Carmem chegou, esbanjando charme, em um vestido de seda preto, colado ao corpo esbelto e aberto nas laterais, dos joelhos aos tornozelos. Um modelo ousado para as mulheres ciganas, que jamais mostravam as pernas. Um lindo xale vermelho cobria sua cabeça e suas costas. Seu cabelo estava preso num coque. Usava brincos longos, de rubi e ouro. Seus olhos eram maquiados com sombra dourada e lápis preto, uma maquiagem carregada. Ninguém ousaria chamar a atenção de Carmem. Ela quebrava as formalidades quando bem entendia; não lhe diziam nada, porque colaborava com altas somas nas comunidades ciganas e sua presença impunha respeito. Helena se divertia com a reação escandalizada das mulheres ante a aparição de Carmem naquele aposento. Carmem sorriu e cumprimentou a todas alegremente, olhando afetuosamente para Dara, transmitindo-lhe confiança.

Dara olhou em volta, vendo olhos amistosos, em sua direção.

Iniciou o ritual: dispuseram-se em um círculo, deram-se as mãos, respiraram profundamente algumas vezes e repetiram as palavras de harmonização que Dara pronunciava em voz alta, evocando os ciganos de luz e citando os nomes dos mais conhecidos entre eles, que irradiavam a força da união, a harmonia para os casais:

"Pablo, Wlademir, Ramirez, Juan, Pedrovick, Artemio, Hiago, Ígor (seu pai), Manuel, Vitor; as ciganas: Maria, sua mãe; Esmeralda, a bela dançarina; Carmem, Salomé, Carmensita, Rosita, Madalena, Yasmin, Maria Dolores, Zaira, Sunakana, Sulamita, Wlavira, Iiarin, Sarita, etc."

Cada um com sua especialidade no astral, beneficiando os irmãos da terra, atendendo aos mais diversos pedidos.

Uma luz branca brilhante envolveu o ambiente, durante esses cantos; algumas mulheres choraram de emoção, outras sorriam felizes pela energia de paz que penetrava na tenda e em seus corações. Dara estava envolta em uma aura de serenidade e beleza; a energia benéfica dos ciganos do astral impregnava seu ser e irradiava-se para todas as presentes. As mulheres ciganas irmanaram-se no desejo sincero de que os noivos fossem felizes.

Em seguida, beberam o vinho tinto e, alegres, começaram o aconselhamento à noiva. Riram muito com as histórias que eram contadas. Carmem contava, com humor, diferentes situações de seu casamento e fazia com que todas rissem. Cada uma contava histórias divertidas. Mostravam a Dara o lado feliz do matrimônio – esse era o objetivo do ritual.

Dara permaneceu em silêncio, tranquila, agradecendo a seus guias espirituais por esse momento iluminado, por ser cigana, ter pessoas especiais em sua vida, pela assistência que o astral lhe proporcionava. Sentiu falta de irmã Lúcia naquele momento, mas voltou a concentrar o pensamento no presente; o passado queria deixar para trás. Começar nova vida.

Sob o efeito relaxante do vinho, Dara se levantou, começou a movimentar os braços, em movimentos sinuosos, preparando-se para a dança. As mulheres silenciaram, entrando em sintonia com o momento. Levantaram-se, deram-se as mãos, formando uma roda em torno dela. A cigana Carmelita, com sua bela voz, começou a entoar cantos ciganos tradicionais, a princípio em voz baixa e aos poucos a voz foi se elevando. Dançavam de mãos dadas, ora movimentando o quadril para a direita, ora para esquerda, acompanhando o ritmo do canto. Carmelita batia palmas e batia os pés no chão, enquanto

cantava, para espantar a negatividade e trazer ânimo às irmãs ciganas. Dara executava movimentos graciosos com os braços e com as
mãos, movimentando simultaneamente os ombros, os quadris. Esses
movimentos caracterizavam a dança sensual cigana, uma mescla de
ritmos, que incorporaram em sua cultura. Carmem cantava e dançava, mostrando sua agilidade nos movimentos que executava com
graça e jovialidade. Todas dançavam e cantavam juntas, alegremente;
não havia hora determinada para a comemoração acabar e só para-
riam quando estivessem exaustas.

    Miguelito, por sua vez, encontrava-se mais introspectivo em sua
tenda. Os homens gargalhavam com as histórias que eram contadas,
já embriagados com vinho, não percebendo a preocupação do noivo. Somente Ramon observava, discretamente, o comportamento do
amigo, desde o início do ritual, sabendo o motivo da preocupação do
amigo: Dara.

    Ramon percebeu sua amiga distante, com o pensamento longe,
presa à lembrança de um amor impossível, um fantasma que ainda a
assombrava. Parecia indiferente ao próprio casamento, mas na verdade tinha medo e Miguelito captava os conflitos de sua noiva. Ele
também tinha medo, temia o "rival", o homem que Dara tanto amou.
Por isso queria ser melhor que ele em tudo. Por mais que lutasse, um
sentimento de revolta e ciúme invadia seu coração. Não conseguia
esquecer a noite de lua cheia em que Dario veio ao acampamento de
Ramon, em busca de Dara: eles se olharam de uma forma tão amorosa, como ela jamais o olhou. Os olhos de Dara se encheram de
lágrimas ao reconhecer Dario no meio de tanta gente, e os de Dario,
também.

    "Se não tivesse tomado Dara em meus braços, possivelmente ela
teria ido embora com o *gadjé*", pensava o cigano, irritado.

    Serviu-se de mais vinho, tentando afugentar os pensamentos
negativos, mas estava ansioso, nervoso, não conseguia acompanhar
as conversas dos amigos. Até que olhou para Ramon, pedindo-lhe
socorro com os olhos. Ele captou sua mensagem e, concentrando-se,
enviou-lhe vibrações elevadas, pensamentos de paz; a respiração de
Miguelito foi se acalmando, seu estado emocional se equilibrando.
Reagiu ao desânimo, levantando-se e cantando músicas ciganas,
acompanhado pelos homens presentes. As músicas ciganas tinham
influência do mundo todo; por onde os ciganos passaram, incorporaram ritmos, técnicas, diferentes: músicos, cantores famosos
marcaram a cultura desse povo alegre e festivo, que amava a vida e a

liberdade. A música e a dança cigana possuem influência maior da Hungria, Romênia e da Espanha, desta sendo a maior influência na música e na dança cigana dos últimos séculos, refletida no ritmo dos ciganos espanhóis. Os ciganos Ramon, Pedro e Sancho tocaram violino, pandeiro e gaita, e os outros cantaram. Miguelito entrou na roda que formaram e dançou o flamenco, sapateando, movimentando-se com flexibilidade e graça, mais descontraído por causa do vinho que corria solto, entre eles. Miguelito dançava com a alma; era considerado "O dançarino de flamenco", um mestre na dança.

No dia seguinte, teria Dara para si e esse pensamento o excitava. Queria ser o melhor amante que uma mulher poderia ter, fazer com que Dara continuasse a senti-lo dentro dela, mesmo após a relação. Iria explorá-la com beijos, lambidas, cada centímetro do corpo sensual da noiva, corpo este que ele já havia visto, escondido, nos rituais de limpeza que ela fazia no rio.

Para ele, Dara tinha o corpo perfeito: curvilínea, nem gorda nem magra, de proporções avantajadas nos lugares certos: nas nádegas e nos seios, muito sensual.

"Seria como penetrar em uma floresta quase virgem", pensava. "Sou um homem vivido, famoso por ser um bom amante, enquanto que Dario era muito jovem quando possuiu Dara, não é páreo para mim."

Dia do casamento

Dara despertou de um sono agitado, com pessoas e cenas indefinidas. Acordou suando, chamando alto o nome "Dario". Carmelita estava ao seu lado, tentando acalmá-la: repetiu o nome Dario algumas vezes, enquanto dormia, o que fez com que Carmelita despertasse e não conseguisse mais dormir, preocupada com Dara. Temia que ela não fosse feliz com Miguelito por não conseguir esquecer o *gadjé*. Sabia o quanto Dara lutava e se culpava por esse amor. Ela era bondosa e honesta, não prejudicaria Miguelito intencionalmente: "O que ela sente por Dario é mais forte que sua vontade", pensava Carmelita.

Dara despertou com a sensação de que havia viajado para longe em seu sonho. Sentia-se cansada, abatida, triste. Não lembrava o que havia sonhado. Só de imagens distorcidas e alguém chamando por ela. Tremia, não sabia por qual motivo. Felizmente, Carmelita estava ao seu lado, aguardando, atenciosa. Preparou um chá de hortelã para

Dara beber e lhe trouxe frutas para que ingerisse uma refeição leve, antes da festa de casamento.

O dia do casamento de uma cigana é especial: todas as atenções dos irmãos voltam-se para os noivos, o ambiente à volta deve permanecer harmonioso, alegre e festivo. Carmelita massageou o corpo de Dara, para relaxar a musculatura e devolver-lhe o vigor. Na noite anterior beberam vinho até quase o raiar do dia, dormiram pouco.

Enquanto a massageava, Carmelita entoava uma canção cigana com sua voz fina e suave, untando o corpo de Dara com o óleo de almíscar. O perfume das flores do campo que ornamentavam a tenda se espalhava no ambiente. Dara tranquilizou o coração e adormeceu por alguns minutos. Despertou sentindo-se bem, feliz por ter a presença de Carmelita ao seu lado. Em seguida, duas senhoras entraram na tenda, trazendo-lhe sua veste de noiva. Dara olhou admirada para seu vestido, só o havia visto uma vez até aquele momento. Era muito mais requintado do que lembrava: branco, brilhante, justo até a cintura, rodado da cintura para baixo; todo bordado com rubis vermelhos; mangas três quartos em sino; decote canoa, ousado, que deixava uma parte de seus seios à mostra. Estava estarrecida com o esplendor do traje!

"É um traje de rainha", pensava, "não de uma pessoa tão simples quanto eu." Ficou indecisa quanto ao que fazer, mas Carmem entrou efusivamente na tenda falando alto, agitada, alegre, tirando-a daquele estado de autocompaixão. Já pressentia que Dara não se acharia à altura do vestido, aprendera a conhecê-la, sabia de seus complexos de rejeição e de inferioridade. Não admitiria que sua nora se apresentasse em um momento tão importante vestida de forma simples. Falando sem parar, animadamente, ajudou as mulheres a prepararem Dara.

Quando Dara percebeu, estava pronta: olhou-se no espelho e não se reconheceu: estava radiante e linda, parecia um sonho. Seus longos cabelos acobreados, escovados, brilhantes, uma linda tiara com flores do campo adornando sua cabeça, o vestido esplendoroso, branco, com os rubis brilhando... Todas a olhavam, emocionadas. As mulheres abraçaram-na, ternamente, sussurrando-lhe palavras de conforto.

Carmem trajava um vestido justo, longo, vermelho, todo bordado com lantejoulas, aberto na lateral, decote em "V", ousado; os cabelos soltos na altura dos ombros, elegantemente penteados; um anel e longos brincos de diamantes, combinando. Estava maquiadíssima. Sua roupa sensual seria considerada imprópria a uma mulher cigana de sua idade, mas ela não se importava com comentários. Era dona da própria vida e tinha autoconfiança para enfrentar os olhares de reprovação; já estava acostumada. Dara divertiu-se internamente, imaginando a cara que as mulheres fariam quando a vissem.

Em poucos instantes, a família do noivo e alguns convidados, amigos mais próximos, viriam buscá-la para a cerimônia, que seria dirigida por Ramon.

Dara queria uma cerimônia simples e rápida para que todos os irmãos ciganos se sentissem à vontade, em casa. De fora do acampamento, somente os amigos Rubens e Elza haviam sido convidados. Irmã Lúcia precisou ficar no orfanato e padre Anselmo estava em missão, no exterior.

No momento em que Diogo, Safira e Helena chegaram, pararam, fascinados, contemplando a beleza de Dara naquele traje maravilhoso. Ela toda brilhava; percebia-se uma luz envolvendo todo o seu ser.

Instantes antes, Dara havia pedido aos ciganos guardiões que lhe enviassem uma mensagem, por intermédio das cartas ciganas, a respeito de sua união com Miguelito: visualizou o Sol, as Flores, o Coração e o Caminho. Essa mensagem desbloqueou algo que ainda estava preso em seu espírito; veio-lhe a certeza de que a felicidade estava à sua espera. Sentiu-se profundamente grata por essa oportunidade que a vida lhe oferecia. Envolta por essa energia, Dara caminhou até o altar, com seu passo majestoso e simples.

Formaram uma fila dupla que levaria a noiva até o altar.

Carmem ia ao seu lado. Sua presença extrovertida contrastava com a de Dara, serena, silenciosa. As ciganas tradicionais observavam os exageros da indumentária de Carmem, sua maquiagem carregada, trocando olhares críticos umas com as outras. Carmem percebia e nem ligava. Estava linda, no seu estilo. Seu corpo esguio comportava com elegância a roupa chamativa.

Diogo e Safira, filhos de Miguelito, emocionados, vinham atrás; em seguida Helena e Carmelita. Um pequeno cortejo, simples como Dara desejava.

Miguelito se destacava por seu brilho e elegância de homem cigano: usava uma camisa de cetim branca, com mangas longas, bufantes; calça de cetim branca, justa, que marcava o corpo musculoso e viril: uma faixa de cetim preta na cintura, colete vermelho de cetim, medalhões de ouro no pescoço, brincos de argolas em ouro nas duas orelhas; cabelo penteado para trás com gel; sapatos pretos de bico fino. Estava elegantíssimo, em seu rico traje. As mocinhas presentes suspiravam, encarando-o com desejo. Ele só tinha olhos para Dara, que se aproximava. Seu coração disparava, de emoção; não acreditava na linda mulher que se aproximava, uma deusa da beleza.

"Dara está esplêndida", pensava Miguelito.

Os olhos dele, negros como a noite e os dela, dourados como o sol, encontraram-se e ambos se comoveram... O amor envolvendo seus corações, sentimento alto, compartilhado. Miguelito veio ao encontro da noiva, curvou-se em uma reverência, tomou-a gentilmente pela mão e levou-a, trêmulo, ao altar, lindamente adornado, com rosas vermelhas e brancas e flores do campo perfumadas. Eram 18 horas. O sol se punha e a noite chegava devagarinho, cumprimentando os noivos. A cerimônia acontecia ao ar livre; as pessoas assistiam, sentadas em cadeiras colocadas próximas ao altar. Lindos arranjos de flores do campo e rosas vermelhas e brancas foram espalhados com arte. Simplicidade, colorido e beleza descreviam o cenário.

Estelita olhava fixamente para os noivos e mordia os lábios com inveja de Dara. Ela se envergonhava por ainda querer Miguelito, por não conseguir tirá-lo de seu pensamento, nem agora que estava noiva de Manu.

"Eu preciso amar Manu", repetia a si mesma, mas não o amava; essa era a verdade. Olhou discretamente para Manu, ao seu lado, percebendo que ele a observava e percebia seu desejo por Miguelito. Helena reparou nos olhares provocantes de Estelita em direção a Miguelito e ficou furiosa com Estelita, sentida pelo filho e por Dara. No dia seguinte, Helena falaria com Estelita, que deveria respeitar mais seu noivo e deixar Dara e Miguelito viverem em paz.

Todos os olhares se voltaram para os noivos; a energia que reinava no local era elevada, sublime. Ramon emitia pensamentos de harmonia a todos; um silêncio tranquilo e respeitoso envolveu os presentes.

Ramon, o *Barô* do clã, é quem celebrava o ritual cigano de casamento. Ele deu a mão para Dara e para Miguelito, os três formando um círculo, e pronunciou algumas palavras em romanês, que significavam:

"Hoje estamos juntos para unir esse casal, Miguelito e Dara. Elevemos nosso pensamento, pedindo a Deus, a Santa Sara de Kali, aos ancestrais ciganos, nossos apoios do astral, como os ciganos Manuel e a cigana Maria, que foram meus amigos aqui na terra, espíritos hoje iluminados, assim como aos outros ciganos evoluídos, que guardem e abençoem a vida deste casal".

Com a voz serena, traduziu as palavras em português, falando devagar, para que cada uma penetrasse no espírito dos noivos e no das pessoas presentes.

Dara chorava, emocionada, sentindo-se, pela primeira vez, integrada de corpo e alma a Miguelito, como parte de uma família, em que era recebida com amor. Olhou para Safira e Diogo com ternura, sentindo-se correspondida, e para Carmem, que sorriu, transmitindo-lhe confiança. Olhou para Helena e Ramon, como uma filha amorosa, sentindo-se grata a eles. E sorriu para Carmelita.

Depois, a noiva pronunciou as palavras, que saíram espontaneamente:

"Miguelito, hoje eu sei que te amo e que serei feliz ao seu lado. Eu cuidarei de você até o último dia de minha vida e serei cuidada por você, com amor. Hoje eu sei que você me completará e eu te completarei; eu serei uma mãe amorosa para seus filhos, da mesma forma que serei para o filho que teremos; eu serei uma nora amorosa para sua mãe e ela será uma mãe amiga para mim. Juntos, seremos fortes, seremos um".

Os ali presentes se emocionaram com as palavras de Dara, normalmente tão quieta, tímida e reservada. Algumas pessoas choravam.

Estelita, discretamente, retirou-se, com lágrimas nos olhos, não queria que percebessem. É claro que Manu percebeu, mas deixou que se fosse, pois sabia que ela voltaria, conformada que não teria Miguelito.

Miguelito olhava fixamente para os belos olhos de Dara. Também estava emocionado; seus olhos estavam úmidos, os lábios trêmulos. Ele, normalmente tão falante, nesse momento disse apenas:

"Dara, minha amada, eu sei que você me completará, que me fará o homem mais feliz deste mundo até o final de minha vida".

Ramon os abençoava mentalmente e eles sentiam essa vibração de amor em direção a eles. Em seguida, trocaram as alianças e se beijaram.

Os irmãos ciganos se aproximaram e formaram um grande círculo, com os noivos no centro. Três ciganos começaram a tocar violino, e os convidados, de mãos dadas, cantaram aos noivos:

"Venham ciganos do Amor, abençoar esses noivos, venha Santa Sara, iluminar esse matrimônio, venham ciganos Dourados, trazer prosperidade, venham ciganos da Cura, trazer saúde ao casal, venham guardiões do astral, defender este par de qualquer ataque do mal.

"Jesus, Maria e José, venham trazer união à família de Dara e Miguelito.

"Que vocês tenham sempre fartura de amor.

"Fartura de saúde.

"Fartura de dinheiro.

"Venham, ciganos do Astral de Luz, a esta festa tão linda e tão querida."

Todos bateram palmas e gritaram:

"Viva os noivos!"

Em seguida, a festa começou, no palco. Violinos, pandeiros, flauta, violão, guitarra eram os instrumentos usados. Dara e Miguelito abriram a festa dançando, animadamente. O vinho e as frutas eram distribuídos; os ciganos batiam palmas, no compasso da música animada, e, aos poucos, todos começaram a dançar, em pares ou sozinhos. Miguelito sussurrava juras de amor no ouvido de Dara, excitando-a. Ela, com os olhos maquiados, olhava-o provocativamente, mostrando-lhe seu aspecto mais sedutor: os longos cabelos soltos conferiam-lhe um ar de rebeldia selvagem; mexia os quadris em movimentos sinuosos e provocantes. Seu vestido moldava-se ao seu corpo curvilíneo, e, quando estava bem próxima de Miguelito, encostaram-se, corpo a corpo, excitando-se mutuamente. Fazia parte da sedução cigana; atiçava a imaginação.

Estelita estava deitada em sua cama, com a maquiagem toda manchada por causa das lágrimas que derramou. Não se conformava por ser tão apaixonada por Miguelito. Vê-lo tão elegante, no altar, naquela noite atiçou seu desejo:

"Ele estava simplesmente um arraso", pensava. "Não havia nenhum homem ali tão atraente quanto ele. Devo insistir em casar-me com Manu?"

Imersa em seus pensamentos, em suas indagações, nem ouviu Helena entrar na tenda. Percebeu uma presença e virou-se: Helena a encarava furiosamente; nunca a vira assim! Ela a puxou pelos braços, forçando-a a se levantar. Ordenou-lhe:

– Vá lavar este rosto, pinte-se de novo e volte para o seu noivo. Agora!

Falou em um tom que não admitia réplicas e Estelita obedeceu, submissa. Voltaram juntas, em silêncio, para a festa. Estelita tremia, com medo de uma represália de Helena. Estelita caía em si e percebia que estava prestes a pôr em risco sua segurança com Manu. Foi ao encontro dele envergonhada.

Ele a recebeu com um sorriso compassivo e ela se sentiu tão menina, tão triste, que se atirou em seus braços, chorando. Manu afagou seus cabelos, beijou seu rosto, e, quando a sentiu mais serena, levou-a para a roda de dança. Deu-lhe um pouco de vinho para animá-la.

Dançaram e riram, deixando as preocupações para trás, vivendo o presente, como era o costume entre o povo cigano. De vez em quando, Estelita, teimosamente, procurava se aproximar de Miguelito, mas ele só tinha olhos para Dara. Manu sentia que ela um dia o amaria: era intuitivo, sensível, conseguia o que queria. Possuía a firmeza da mãe e a sensibilidade do pai.

A festa atingia seu auge de animação. As pessoas cantavam alto, dançavam, tocavam, bebiam, em volta de uma grande fogueira. Frutas e sucos variados eram servidos. Em seguida, seriam saboreados os pratos preferidos de Dara: aves grelhadas, frutos do mar, bolos doces e frutas.

Em dado momento da festa, Dara e Miguelito estavam embriagados pelo vinho e excitados demais para esperar pelo final da festa. Saíram furtivamente, para a tenda da noite das núpcias. Ela era branca por fora e forrada com seda vermelha por dentro; sobre um tapete vermelho, um confortável colchão de casal, coberto com lençol de algodão branco, todo rodeado por velas e flores; o ar perfumado com o cheiro de almíscar. Miguelito acendeu a vela vermelha, que deveria derreter em uma hora, o tempo que duraria a primeira relação sexual deles. Olhou apaixonadamente para Dara. A cigana, despudoradamente, começou a se despir devagar, olhando-o de maneira sedutora. Estava nua, sem calcinha e sem sutiã, embaixo do vestido, como uma cigana tradicional. Miguelito viu de perto o corpo curvilíneo, os longos cabelos, caindo soltos sobre seus seios, que ele afastou, para poder admirá-los de perto. Já havia visto Dara nua, a certa distância; agora via de perto suas formas arredondadas, femininas, nas medidas certas para ele, e seu membro latejava de excitação. Dara passava a mão suavemente por seus seios volumosos, por seu ventre, por seu sexo, incitando o desejo dele em possuí-la. Passava o dedo indicador em seus lábios carnudos, suspirando. Os olhos dele percorriam seu corpo, aguardando o momento de tocá-la. Ele satisfazia seu prazer visual, a princípio; Dara não demonstrava timidez alguma em mostrar sua nudez: o fogo do desejo que via nos olhos do marido alimentava sua vaidade; queria levá-lo ao desespero de possuí-la, antes que a penetrasse. Virou-se de costas para ele, permitindo que a contemplasse e desejasse ainda mais: seus cabelos longos, soltos sobre as nádegas redondas, a cintura fina em contraste com o quadril mais largo, revelando um corpo com curvas. Miguelito, febril, tamanha sua excitação, foi se aproximando dela, contornando suavemente com as mãos quentes suas costas, suas nádegas, suas coxas... até que tocou, por entre suas pernas, seu sexo umedecido, arrancando dela um gemido de prazer. E aí foi a vez dela de explorar com seus belos olhos o corpo masculino de cima a baixo, demorando-se nos músculos peitorais e no membro enrijecido, potente. Seu olhar produziu um calor em todo o corpo másculo dele.

Devagar, com tranquilidade, ele a deitou, entreabriu suas pernas, o desejo crescente no olhar que percorria ainda todo o corpo. Exploraria com beijos e com as mãos cada centímetro do corpo feminino maduro e ávido por prazer; enquanto a vela estivesse acesa, durariam as preliminares. A penetração viria quando já estivessem explodindo de desejo.

Miguelito explorava, com carícias, pontos erógenos de seu corpo que ela desconhecia. Ele era um amante experiente, se relacionara com mulheres de diferentes culturas, atingindo uma maestria na arte de amar. Amava o sexo e a mulher. Nesse momento se sentia completo, com a mulher que amava de corpo e alma. Não queria perder para homem algum.

A linda cigana entregou-se totalmente a esse momento, unindo o prazer ao amor pelo marido, que pulsava em seu coração. As carícias continuaram, mais ousadas, até que o clímax aconteceu em seguida à penetração. O momento da explosão foi intenso, ela gritou... um grito potente, de libertação do vulcão adormecido em seu ser. Alguns irmãos ciganos ouviram os gritos de prazer e sorriram, comungando a alegre liberdade de amar. E os noivos riram, soltos como crianças, por alguns minutos, pela força da alegria que o orgasmo liberou.

Dormiram entrelaçados, nus, como se fossem um só. Dara sonhou com a carta da Estrela e, no sonho, chorou pela oportunidade de ser feliz.

Amanhecia. Miguelito despertou antes de Dara. Contemplou-a por alguns minutos. Não acreditava, ainda, que possuía uma mulher tão linda e tão sensual. Sentia o cheiro do sexo na tenda. Lembrava os olhos de Dara, no momento do clímax: parecia uma felina que saltava de uma jaula em que esteve fechada por anos. A Dara que conhecia, sempre silenciosa, tímida, não se parecia em nada com aquela que lhe pertencera. Sentia-se satisfeito e faminto; o sexo havia sido intenso demais. Ria-se interiormente, sentindo-se mais viril, mais poderoso, lembrando o grito de prazer de sua esposa. Percorreu novamente, com os olhos, o corpo de Dara, admirando-o, como um macho possessivo. Excitavam-no os pelos dourados que cobriam seus braços, suas axilas e pernas; a penugem acobreada, que envolvia seu sexo; ela não se depilava e ele a queria ao natural. Miguelito queria ficar o dia todo na tenda, só com Dara... isolados.

Passou a mão suavemente pelo corpo de Dara para despertá-la. Ela abriu os olhos, sorriu-lhe, abraçaram-se por alguns minutos. Excitaram-se de novo com o contato de seus corpos e se amaram novamente... Ficaram abraçados por um tempo, satisfeitos e relaxados...Para alegria dos recém-casados, duas ciganas vieram trazer-lhes uma farta refeição com frutas, sucos, pães e queijos, enviada por Carmem, que havia retornado de manhãzinha para a Espanha, com a neta Safira.

Dara se sentia leve, radiante, seus canais receptores estavam abertos.

CAPÍTULO XXI

O Contato com Yasmim

Saciados, deitados um do lado do outro de mãos dadas, sentiam-se unidos. Miguelito queria que viajassem para a Espanha no dia seguinte, onde morariam. Dara concordou, sentindo-se segura em seguir o marido para onde ele fosse. De repente, ela sentiu um forte tremor em sua coluna. Fechou os olhos por alguns instantes, parecendo estar fora do corpo. Voltou a si, ainda de olhos fechados, dizendo que estava recebendo contato de uma amiga de infância, Yasmim, que necessitava dela, com urgência. A voz da amiga chamava por ela. Miguelito, a muito custo, conteve a irritação que essa notícia lhe trouxe. Sendo um homem prático e racional, ele tinha dificuldade em aceitar essa faculdade que Dara possuía, de se comunicar em pensamento. Além do mais, estavam em lua de mel. Miguelito não queria acreditar no que a esposa lhe dizia: quebrar o "clima" romântico para procurar por uma amiga, que nem sabia ao certo onde se encontrava.

Dara percebeu a contrariedade que seu pedido lhe trouxe e se entristeceu, mas se manteve determinada a buscar a amiga. Ela percebeu o quanto Miguelito era possessivo... Olhou-o furiosa, seu olhar de fogo em direção a ele causou-lhe temor. Não ousou tentar convencê-la ou segurá-la ao seu lado, mesmo em sua lua de mel. Dara o beijou no rosto e retirou-se, indo à procura de Ramon, sem lhe dar mais explicações.

Sozinho na tenda, Miguelito socou os travesseiros e gritou de raiva, dando vazão à sua frustração.

Quando Dara se aproximou da tenda de Ramon e Helena, sentiu uma energia de serenidade. Ramon e seu novo discípulo, Diogo, seu enteado, estavam sentados de olhos fechados, pernas cruzadas, em concentração. Esperavam por ela: Ramon havia recebido o contato de Yasmim, na noite anterior, no momento em que celebrava o casamento de Dara e Miguelito... Ramon não podia interromper a cerimônia do casamento. Enviou, mentalmente, a Yasmim, uma energia de serenidade.

De manhã bem cedinho, Ramon chamou Diogo, que se preparava para se tornar um *kaku*, para unir suas forças à dele e a de Dara e obterem uma visão mais clara a respeito do lugar em que Yasmim se encontrava.

Ramon sabia que Dara viria, que Yasmim a chamava, assim como a ele. Ambos conheciam Yasmim, haviam convivido com ela e sua família no acampamento de Manuel e Maria.

Confiante, Ramon aguardou serenamente por Dara: eles eram *kakus* desenvolvidos, fortes, complementavam-se. Helena entendia a ligação deles e respeitava, não rivalizava com Dara, mas Ramon temia que Miguelito entrasse em conflito e desestabilizasse Dara. Porém, ela estava centrada, serena e segura.

Sentados com as pernas cruzadas, formaram um triângulo, deram-se as mãos, respiraram profundamente durante alguns minutos, até sentirem a visão se abrindo. Diogo estava emocionado e ansioso: seria seu primeiro contato com o espiritual, a tranquilidade vinda de Ramon e Dara o envolveu... e aconteceu: as visões se abriram: viram Yasmim sentada em um banco, sob uma grande tenda de circo, de cabeça baixa, pensativa, triste, fraca, sem energia.

Os *kakus* lhe transmitiram energia e ela sentiu a energia que vinha deles... Yasmim levantou a cabeça e olhou para cima... Seu semblante transmitia sofrimento, estava envolta em uma névoa, uma imagem embaçada. Sua vibração estava baixa demais para alcançá--los.

Ramon, Dara e Diogo transmitiram-lhe mais energia, respiraram com maior profundidade, elevando o padrão vibratório e chegando até Yasmim. Ela sentiu um arrepio por toda a coluna, ergueu a cabeça e se levantou. Sentiu os amigos comunicando-se com ela. Chamou por eles, tentando controlar o pranto.

Dara lutou contra a dor e a emoção que sentia com o sofrimento da amiga. Não podia entrar no conflito dela; precisava elevá-la e conservá-la em contato, sem se enfraquecer com ela.

Ramon e Diogo dominaram a situação, iniciando o contato. Dara respirava para se tranquilizar e estabelecer contato. Yasmim chorou por uns instantes, mas depois serenou, ficando receptiva. Emocionada, contou que vinha errando por esse mundo, trabalhava em um circo pobre, em um lugarzinho chamado Vila Boa Esperança, na Bahia. Estava doente, não sabia como ainda estava viva. Pediu aos amigos que a salvassem.

Yasmim sentiu arrepios a envolvê-la e teve confiança de que seria socorrida. Apesar de fraca, sentia-se mais calma. Uma luz branca brilhou à sua frente. Ela vislumbrou o vulto de Dara a sorrir-lhe, com os braços estendidos para um abraço, transmitindo-lhe esperança. Yasmim chorou de emoção e de alegria: a luz branca, translúcida, penetrou nela, inundando seu corpo e seu espírito de paz. A Vila Boa Esperança era bem perto dali... A espiritualidade trouxe-a para perto dos amigos, e eles iriam buscá-la.

Os três *kakus* voltaram a si, respirando com calma, permanecendo de olhos fechados ainda alguns minutos. Abriram-nos e entreolharam-se, sorrindo amorosamente.

Fizeram em voz alta uma oração de agradecimento aos ciganos guardiões do astral que os acompanharam nessa viagem de defesa e harmonização. Estavam exaustos, com o esforço desprendido na visão, mas, mesmo exausta, Dara queria partir de imediato em busca de Yasmim. Ela estava a poucos quilômetros de distância do acampamento, em um circo. Acreditava que a amiga fora enviada pelos guardiões do astral para um local próximo dos amigos para ser salva. Ramon pensava como ela, não existiam coincidências.

CAPÍTULO XXII

Yasmim

Yasmim aguardava a chamada para apresentar seu número de dança cigana. Nesse momento, não tinha outra opção, a não ser trabalhar nesse lugar para poder comer. Suas poucas roupas estavam remendadas em diversos pontos, gastas pelo uso, não resistiriam mais que alguns dias. Sentia-se fraca, por causa da minguada alimentação que recebia, duas vezes ao dia: farinha, um pouco de feijão e um pedaço de rapadura para "enganar" a fome. As forças lhe faltavam, sua face estava pálida, os olhos fundos, apáticos.

Recordar o passado, contar sua história a quem estivesse disposta a ouvi-la, preenchia seu tempo, sua vida, que se arrastava, dia após dia, minando suas expectativas de qualquer progresso no mundo pobre e limitado em que vivia. Tinha 34 anos e se considerava uma senhora, desgastada pelo sofrimento. Não gostava de se ver no espelho, tão magra, tão envelhecida. Entretanto, algumas pessoas ainda lhe afirmavam que era linda, como a menina Isabel, que ouvia suas histórias e admirava a beleza, a vida sofrida da cigana. As histórias de Yasmim transportavam Isabel a um mundo de sonhos, no qual jamais viveria. Yasmim narrava sua história a Isabel:

"Há 22 anos, vivia com os pais em um acampamento cigano. Ali era feliz, com seus cinco irmãos menores: nada lhes faltava. Eram liderados por um homem bom e justo, um cigano português chamado Manuel e por sua esposa Maria, também portuguesa.

"Tinham uma filha adotiva a quem amavam muito, a menina Dara.

"Manuel era um *Barô* e *kaku*, amado e respeitado por todos. Ele possuía o dom da palavra: doce e gentil, transmitia encorajamento e levantava as pessoas. Curava com a palavra.

"Manuel dizia com voz firme e calma para as pessoas: 'Você está curada! Acreditavam nele e se curavam mesmo.

"Curava também com plantas medicinais, rezas e energia das mãos, e lia a mente das pessoas, comunicava-se em pensamento com os irmãos ciganos, encontrava pessoas desaparecidas. Maria era mãe de todos na tribo: aconselhava, ensinava, orientava e era uma excelente cartomante. Ensinou à filha Dara ler as cartas quando ela tinha 7 anos, mas, na verdade, Dara já sabia. Era uma *kaku* de nascença e desde pequena previa acontecimentos, conversava com os espíritos. Quando cresceu, passou a curar com as mãos, com rezas e plantas medicinais.

"Os pais de Yasmim, Yuri e Sara, eram pobres, analfabetos, como a maioria dos ciganos, mas viviam com dignidade: trabalhavam com Manuel na fabricação de panelas de ferro e bronze, que eram vendidas nas feiras locais e redondezas. Ganhavam o suficiente para comer e se vestir. Eram afetuosos e dedicados aos filhos; viviam em paz, em um acampamento que abrigava vinte famílias de ciganos nômades; viajavam em velhos carroções, por estradas esburacadas, enfrentando frio, chuvas, doenças.

"Mesmo com todas as dificuldades, eram unidos. Não mendigavam nas cidades. Maria os ensinara a cultivar hortas, comer legumes e verduras, utilizando-os nas sopas e em saladas, costume que ela trouxera de sua família portuguesa. Graças à boa alimentação, todos eram sadios. Maria era uma pessoa bondosa e sábia.

"Dara era cuidada e amada por todos. Parecia filha natural de Manuel e Maria: possuía a sensibilidade e a generosidade da mãe adotiva, o poder de cura e a força espiritual do pai Manuel. Era obediente a eles.

"Yasmin era uma menina pequena, magra, tinha grandes olhos negros e cabelos negros, lisos, fartos. Tinha um rostinho travesso, uma boca vermelha e pequena, que combinava com seu semblante delicado e ressaltava os lindos olhos. Era muito arteira e movimentava todo o acampamento.

"Adorava contar histórias dos heróis ciganos com tanta expressividade que as pessoas entravam em suas narrativas. Todos do acampamento vinham ouvi-la. Desde pequena, dançava com desenvoltura e graça, encantava o público nas festas ciganas. Ela e Dara brincavam juntas quando não estavam ocupadas com as obrigações que as respectivas mães lhes impunham.

"Sara, sua mãe, a castigava constantemente por ela se recusar a tomar conta dos irmãos menores e fugir das tarefas domésticas. Via que a filha tinha uma sede de liberdade, vontade de conhecer outros mundos e se preocupava com seu futuro. Aos 12 anos, quando menstruasse, deveriam 'arranjar-lhe' um marido. Pressentia que a filha não seria uma moça cigana bem-comportada.

"Yasmim estava sempre pronta para defender Dara das ofensas que as crianças *gadjés* lhe dirigiam quando iam à cidade. Dara não se defendia dos insultos que lhe eram dirigidos por ser cigana; abaixava a cabeça tristemente e isso enfurecia Yasmim, que ficava indignada por considerar a amiga Dara uma menina pura e desprovida de maldade.

"Yasmim não quis ir à escola nem para aprender o básico dos dois primeiros anos do Ensino Fundamental: sentia-se desprezada pelas outras crianças por sua condição de cigana e pelas roupas pobres que vestia. Nas poucas vezes em que esteve na escola, envolveu-se em brigas, com os meninos, que zombaram dela; nem a professora a defendeu, e ela decidiu que não colocaria mais os pés em uma sala de aula.

"Dara também se sentia rejeitada pelos colegas de escola: não havia quem as defendesse, elas eram as vítimas da maldade das crianças. Eram responsabilizadas por tudo de errado que acontecia na escola, até quando faltavam às aulas. Para não brigar com os colegas, preferiam se afastar.

"Maria, mãe de Dara, que estudara todo o Ensino Médio, afeiçoou-se a Yasmim e tentou convencê-la a frequentar a escola. Queria que Yasmim se desenvolvesse na escrita, pois sentia que ela poderia vir a ser um dia uma escritora: a menina possuía uma mente ágil e uma imaginação fértil para inventar histórias. Sua voz era profunda e expressiva; prendia a atenção das pessoas... mas Yasmim era teimosa, não queria estudar e sua mãe não achava tão importante isso, de forma que Maria se sentiu sem apoio da família. Assim, Yasmim era criada solta, livre, sem maiores responsabilidades. Logo faria 12 anos e já tinha pretendentes a maridos.

"Maria pediu tanto aos ciganos guardiões que cuidassem de Yasmim e de sua filha que seu pedido foi atendido: Helena, uma *gadjé*, professora recém-formada, apaixonou-se perdidamente por Ramon, casou-se com ele e se tornou a professora do acampamento. Sua vinda foi uma dádiva para todos.

"Ramon cantava, tocava violino e dançava o flamenco de modo sedutor. Charmoso, olhava para as mulheres com seu olhar de fogo, hipnotizdor e penetrante. Poucas mulheres resistiam a ele. Helena não era bonita, mas muito simpática. Ela também conquistou o coração do cigano: ele sentiu, quando a viu, que ela seria sua mulher. Após alguns dias de namoro, Helena deixou sua família para se casar com o formoso cigano Ramon. Os dois moravam no acampamento liderado por Manuel e, nesse período, ela ensinou diversas crianças a ler e a escrever, inclusive Dara e Yasmim.

"Manuel preparava Ramon para ser um *kaku*. Este possuía o dom para a cura e para o comando. Ramon o acompanhava em todas as atividades; seu caráter foi se moldando às boas influências transmitidas por Manuel e, aos 20 anos, já estava pronto para ser um líder e curandeiro.

"Seus pais acompanhavam Manuel e Maria desde que Yasmim era bem pequena. As viagens de deslocamento eram sofridas, com seus velhos e reformados carroções em estradas enlameadas e esburacadas, passando por estações de seca e de cheias, contraindo doenças geradas pela falta de saneamento, água limpa e alimentação adequada.

"A família de Manuel e a de Ramon, junto com outras 20 famílias de ciganos chegaram, um dia, a um lugar que os acolheu de braços abertos, sem discriminação ou preconceito: um vilarejo pobre, chamado carinhosamente por Vila Alegre, um lugar onde todos eram amigos. Manuel e Ramon gostaram da energia do local e montaram acampamento perto da cidadezinha.

"Os habitantes locais doavam alimentos, roupas e medicamentos aos ciganos e, em troca, Manuel e Ramon curavam o povo da cidade com as ervas medicinais, atendendo quem necessitasse deles. Maria era procurada para ler as mãos e jogar as cartas. Sua fama como cartomante vidente se espalhava. Pela primeira vez, os ciganos se sentiam em casa entre os *gadjés*, eram respeitados e vistos como iguais.

"Veio o período de chuvas, que se estendeu por meses, trazendo doenças como infecções intestinais, malária. Tendas foram destruídas, estradas alagadas, pontes caíram, casas desmoronaram. O difícil acesso para o governo enviar alimentos e remédios fez com que a malária dizimasse muitas pessoas. Alguns ciganos, inclusive seus pais, não quiseram abandonar as pessoas da cidade e lutaram com eles, para salvar os bens que possuíam, levados pelas águas das chuvas fortes. Ramon, nessa época, foi embora com a família, em busca de socorro para as vítimas.

"Yasmim via sua mãe rezando, enfraquecida, pálida, e não entendia a dimensão do problema pelo qual passavam: caiu em si somente ao ver seus pais e seus três irmãos febris, estendidos no colchão, delirando. A cena a apavorou, pressentindo o pior. Depois de alguns dias, eles morreram; não havia medicamentos para salvá-los. Restaram apenas ela e seu irmão José.

"Ela faria 12 anos em uma semana e seria anunciado seu casamento com Pedro, um cigano de 15 anos, bonito e bondoso com ela. Não haveria mais casamento. Pedro havia sido levado doente para outro acampamento. Seu mundo ruíra; era ainda criança e com um irmãozinho para cuidar. Manuel, Maria e diversos ciganos, que haviam contraído a malária, pioraram e morreram. Restaram, no acampamento, algumas crianças órfãs e algumas famílias desfeitas. Ramon ainda não retornara ao local.

"O quadro era desolador na região. Em homenagem a Manuel e Maria, que os socorreram naqueles dias de sofrimento, a população da cidade se reuniu e proporcionou aos ciganos que haviam falecido um enterro digno, à maneira cigana. Dara cantou uma música de despedida aos irmãos ciganos, pediu a Jesus e aos guardiões do astral que os recebessem no céu.

"Após os sepultamentos, Yasmim, Dara, José e outras crianças órfãs partiram dali, a um rumo incerto, carregando algum alimento. Caminharam dias nas estradas esburacadas, famintos, com o coração apertado de tristeza pelas perdas que sofreram. José chorava baixinho, amedrontado com a noite escura.

"Somente Dara, que antevira esses acontecimentos, encontrava-se mais preparada e amadurecida que os outros... comandava o pequeno grupo, procurando transmitir-lhes a esperança com palavras de encorajamento.

"Dormiram ao relento, mendigaram alimentos e agasalhos, repartiram entre si o pouco que levavam. Em certo momento, o grupo se dispersou. Alguns conseguiram pequenos trabalhos e moradia nas cidadezinhas por onde passavam. Yasmim quis ficar em uma cidadezinha e José, seu irmãozinho, iria com ela. Dara continuaria sozinha em seu caminho, ela se dirigia a um lugar onde seus guias espirituais lhe orientavam a ir: um orfanato católico. Insistiu para que Yasmim e José a acompanhassem, mas Yasmim queria ir em outra direção. Não gostava de religiosas e queria usufruir de sua liberdade.

"Yasmim e José chegaram à cidade de São Bento do Norte sujos, famintos, exaustos. Ela procurava transmitir uma coragem que não tinha ao irmão, por ser a mais velha. Entraram em uma venda para pedir comida e foram atendidos por uma senhora idosa, magra, com as costas curvadas pelo trabalho árduo. Tinha voz e olhos gentis: sentiu-se compadecida do estado dos irmãos e ofereceu-lhes banho, comida. Yasmim e José devoraram o farto prato de arroz com feijão que a senhora, dona Maria, lhes oferecia. Pareciam animais famintos. Depois de saciarem a fome, Yasmim contou, com sua voz expressiva, sua triste história, que a senhora ouviu com lágrimas nos olhos, enternecida, compartilhando o sofrimento que os irmãos, tão jovens, viveram.

"Convidou-os a morarem com ela: Yasmim e José a auxiliariam na venda e nos serviços de casa, em troca de roupas, alimentos e casa. Nos dias que seguiram, Yasmim retomou seu estado de ânimo, levando alegria à casa de dona Maria, viúva solitária e carente. Conquistou o coração da senhora, que ansiava por ouvir suas histórias à noite.

"Yasmim menstruou e engordou, seu corpo se tornou curvilíneo, os seios se desenvolveram, ficava mais bonita a cada dia e sabia que chamava a atenção dos homens que vinham à venda para admirá-la.

"José era tímido, quase não falava e não dava trabalho; à noite, chorava escondido, com saudade dos pais e dos irmãos que não veria mais. Para ele, sua irmã era seu mundo: procurava sempre obedecê-la. Yasmim era carinhosa com ele, mas aproveitava-se de sua subserviência a ela explorando-o no trabalho. Ele trabalhava pelos dois, enquanto ela saía em busca de namorados. Queria conquistar algum fazendeiro rico, que lhe proporcionasse uma vida de luxo e riquezas.

"Um dia, dona Maria descobriu suas 'escapadas', chamou sua atenção, ameaçando colocar os irmãos na rua, se ela continuasse com o comportamento vergonhoso: os rumores da cigana namoradeira que morava na venda de dona Maria se espalhavam pela cidade.

"Yasmim não cedeu às ameaças de dona Maria: continuou saindo até que conheceu o 'coronel de seus sonhos', um fazendeiro riquíssimo, casado, que a desvirginou e a fez sua amante. O coronel arrumou um quarto grande para ela e José morarem, na casa de uma de suas fazendas. Empregou José como auxiliar do capataz e viveram alguns anos sob sua proteção. Yasmim teve as roupas e joias com que sempre sonhou, mas era sua prisioneira: só saía com ele, precisava estar sempre à sua disposição, era proibida de ter amigos e de aparecer na cidade. Todos sabiam do caso, inclusive a esposa dele, mas se calavam, temendo alguma represália.

"Yasmim o temia e ao mesmo tempo o dominava pela paixão que ele tinha por ela. Usava os 'segredos ciganos de conquista' para mantê-lo escravo do prazer e extorquir-lhe dinheiro. Os capangas do coronel vigiavam-na dia e noite. Quando não o obedecia, ele a espancava, deixando hematomas no corpo dela. Depois, arrependido, chorava desculpando-se, e a presenteava com joias. Uma paixão doentia. José o temia e não intervinha a favor de Yasmim.

"A natureza rebelde de Yasmim prevaleceu: envolveu-se com João, um empregado da fazenda, que se apaixonou por ela. João resistiu a essa paixão o quanto pôde, mantendo-se à distância de Yasmim, passando noites em claro, sonhando tê-la em seus braços. Até que um dia, não resistiu mais aos seus encantos e começaram a se encontrar, às escondidas.

"O romance não durou muito: João 'desapareceu' repentinamente da fazenda e ninguém sabia para onde havia sido levado, nem se estava vivo. O coronel "afastava" qualquer homem que se interpusesse entre ele e Yasmim: ela era sua propriedade e necessitava dela como o ar que respirava. Depois disso, deu-lhe uma casa maior, mais confortável; passou a vê-la diariamente, amando-a desmedidamente.

"Yasmim sentia-se sufocada, vivendo em uma 'gaiola dourada', ansiando por liberdade, por fugir dali sozinha. Seu irmão José estava empregado e namorando uma jovem boa, honesta, que estudava para ser professora. José era obediente, não dava motivos aos patrões para se indisporem com ele: pouco a pouco conquistava cargos de confiança na administração das fazendas do coronel. Eles quase não se falavam mais.

"Não havia mais nada que segurasse Yasmim àquele lugar, com um homem que passou a odiar, que a tratava como escrava.

"Um dia, um empregado de confiança da mulher do coronel veio a ela e propôs-lhe ir embora dali para sempre, em troca de uma generosa quantia em dinheiro para começar a vida em outro lugar. Era sua salvação e ela aceitou.

"Sua fuga foi feita com a máxima discrição: nem José soube. Yasmim temia ser seguida e castigada se fosse apanhada. Viajou de carona, de ônibus, alguns dias, buscando um lugar que lhe agradasse.

"Arranjou identidade falsa, viveu no Rio de Janeiro e em outras cidades. Gastava seu dinheiro com festas, bebidas e com amantes. Apaixonou-se loucamente por Fabrício, um jovem italiano, sedutor, que a explorou e gastou até seu último centavo, deixando-a sem nada.

"Não teve mais notícias de José nem de Dara. Para sobreviver, começou a dançar em festas e em boates. Dançava magnificamente: seus olhos brilhantes e sedutores prendiam a atenção dos homens, e o sorriso malicioso os convidava a amá-la. Os movimentos sinuosos de seus quadris durante a dança atiçavam a cobiça dos homens, deslumbrados por sua sensualidade e beleza.

Diversos homens se apaixonaram por Yasmim, mas ela não correspondia. Sentia-se profundamente sozinha. Lembrava-se com frequência de Dara, saudosa da época em que era mais inocente, em que possuía uma família que a amava, irmãos ciganos que se reuniam à noite para escutar suas histórias. Ela os transportava aos heróis ciganos.

"Sentia-se uma impostora: usava a magia cigana para seduzir, roubar, desvirtuando um conhecimento que deveria ser usado para o bem. Considerava-se indigna da amizade de Dara. Não conseguia mais sair da vida que levava; estava viciada na desonestidade, na sedução."

Isabel perguntou-lhe como fora parar naquele circo da cidadezinha pobre, depois ter conhecido uma vida de riquezas? Yasmim não sabia o que a trouxera ao circo, simplesmente havia chegado ali. Encontrava-se doente, restando-lhe poucos dias de vida, com saudades de seu povo que abandonara.

As lágrimas rolaram por seu rosto. A menina, compadecida, aproximou-se dela e beijou sua face magra. Yasmim a abraçou, agradecida.

Naquela noite, mesmo com a plateia quase vazia, a cigana Yasmim dançou lindamente, com toda a sua alma, despedindo-se do palco. Sentia um aperto no peito, uma dor angustiante na boca do estômago. Nesse estado de desespero, pensou forte em Dara. E em Ramon. Pediu a eles que a salvassem. Em dado momento, uma luz branca, que só a menina Isabel e ela viram, envolveu-a. Sinal de que receberam seu pedido. Nem imaginava o quão próxima Dara se encontrava: a poucos quilômetros dali, casando-se.

Uma serenidade, que há muito tempo não sentia, envolveu todo seu ser. A esperança brotava novamente em sua alma. Olhou ternamente para Isabel... sorriu-lhe.

CAPÍTULO XXIII

Os Kakus Buscando Yasmim

Miguelito aguardava Dara, aflito e carente, com a esperança de que voltasse para ficar com ele o resto do dia posterior ao casamento. Enganou-se: Dara entrou na tenda, apressada, e pediu-lhe que fosse com ela e Ramon em busca de Yasmim. Deveriam sair imediatamente. Miguelito levantou-se contrariado. Dara fingiu não perceber o aborrecimento que a situação causava ao marido. Já esperava por isso. Conhecia sua natureza ciumenta.

Miguelito dirigia, enquanto Ramon o orientava quanto ao caminho: conhecia bem a região e já havia passado pelo lugarejo onde se encontrava o circo. Sua intuição estava apurada. Dara ia sentada atrás, orando. Há poucos instantes ela vislumbrara em sua mente a carta da Torre e temia pela vida de Yasmim. A amiga estava gravemente doente; um forte abalo aconteceria.

Passaram pela rua principal da vila e avistaram uma grande tenda amarela de um circo. Uma mulher os aguardava em frente à tenda; uma menina segurava sua mão. Miguelito parou o carro e Dara correu ao encontro de Yasmim, com o coração disparado. Aproximava-se... Não acreditava que aquela mulher velha era Yasmim: com a face encovada, de coloração esverdeada; profundas olheiras ressaltando os grandes olhos negros; a pele, outrora aveludada, estava áspera, manchada pelo sol. O corpo magro, com as costas encurvadas, revelava um estado de desnutrição profunda, assim como os cabelos ralos e quebradiços, que já tinham sido abundantes, lisos, negros.

O que mais comoveu Dara foram os olhos de Yasmim: olhos sem vida, que revelavam desesperança. Dara a abraçou, sentindo o corpo magro e trêmulo ao encontro do seu. Nesse abraço Dara evocou os espíritos de cura...

Ramon as observava, concentrado em elevar a vibração de Yasmim, sentindo a precariedade de seu estado físico e emocional. Vislumbrou, assim como Dara, o quadro de saúde de Yasmim: subnutrição extrema e alcoolismo, que danificou o fígado e os rins. Seu estado era grave e precisariam intervir de imediato para prolongar a vida dela por mais alguns dias..

Miguelito assistia à cena, também comovido com esse encontro. Sua natureza carinhosa e fraterna, nesse momento, era mais forte que sua imaturidade: prontificou-se a auxiliar. Ergueu Yasmim em seus braços e a acomodou o mais confortavelmente no carro para levá-la ao acampamento. Já se conformava com a ideia de que deveriam adiar a viagem para a Espanha.

Ele deveria ter paciência com a esposa, deveria apoiá-la. Surpreso consigo mesmo, Miguelito encontrava-se preocupado em fazer Dara feliz. O lado egoísta de sua personalidade ia perdendo força. Influência de Dara...

Queriam partir, mas a menina Isabel ainda segurava a mão de Yasmim, não queria que ela fosse embora. O pai de Isabel, Ivan, observava a cena do reencontro de Yasmim com os ciganos de longe, era muito tímido para se aproximar. Ivan se apaixonou por Yasmim nesses dias em que ela conviveu com eles em seu circo. Ele queria ter condições de cuidar dela, dar-lhe boa comida e roupas, mas quase não tinham o que comer e em breve teria de vender o circo, procurar trabalho na cidade para que a filha não passasse fome. O pouco que possuía de alimentos deu à filha e a Yasmim.

Yasmim partiria, desconhecendo o amor que tinha por ela em seu coração. Isabel sabia que seu pai amava Yasmim, mas respeitou seu silêncio. Ela vinha acompanhando o pai desde que a mãe o deixou por outro. O pai era um homem bom, mas muito calado, e Isabel se sentia carente de mãe.

Yasmim foi sua mãe e amiga, enquanto trabalhou com eles no circo. Isabel amava as histórias dela, ficava imensamente feliz ao ouvi-las, pois transportava-se nas narrativas. Despediu-se de Yasmim chorando.

Miguelito disse para Ivan que viriam buscá-los para visitarem Yasmim. Voltou dirigindo devagar, tentando desviar dos buracos na estrada de terra. Yasmim se contorcia de dor na região do estômago, suava muito, por causa do esforço para controlar a dor. Apoiou a cabeça no ombro de Dara, que a abraçava, carinhosamente. Dara colocou a mão próxima a seu estômago para amenizar a dor que

Yasmim sentia. Percebeu, pelo toque, que havia um grande tumor alojado nessa região do corpo da amiga. Teve um estremecimento interno, algo muito grave acontecia. Yasmim percebeu o tremor de Dara e confirmou em seus olhos o que já suspeitava.

Vinha engolindo e digerindo os alimentos com dificuldade, as dores já aconteciam havia meses: ela se embriagava para esquecê-las. Só encontrava alguma alegria quando dançava: nesse momento, transportava-se para lugares lindos, reencontrava seus pais, seu povo, sentia-se linda e rica.

Mas mesmo dançar se tornava uma tarefa árdua, pois as dores vinham em qualquer momento, cada vez mais frequentes. Sentia que essa doença era consequência da vida desregrada que levava, merecia passar por esse sofrimento, por tudo de ruim que fizera no passado. Decidiu que não iria para um hospital; tinha uma ferida dentro de si que crescia rápido e não havia mais o que fazer. Só queria passar os últimos dias de sua vida com a amiga Dara e com os ciganos, dos quais se afastara por muitos anos. Uma cigana não podia abandonar seu povo e ela o fez; pagava com a dor. Com a cabeça nos ombros de Dara, sentia o perfume de flores que vinha da amiga, perfume que aprendeu a preparar com seu pai Manuel, quando pequena, com o qual ela se perfumava diariamente. Seu corpo absorveu o aroma.

"Dara continuava pura e linda", pensava.

A dor foi diminuindo e ela adormeceu.

Chegaram ao acampamento e levaram Yasmim para a enfermaria. Diogo já esperava por eles. Seus dons de vidência estavam se desenvolvendo.

Ramon, Dara e Diogo, os três *kakus*, encarregaram-se do cuidado com Yasmim. Deram-lhe um tônico revigorante e a deitaram na maca. Sentiram, pelo pulso dela, a energia, a vibração. Os três se concentraram em lhe enviar energia, envolvendo-a em uma luz branca, de cura, proporcionando-lhe serenidade para amenizar a dor. Mesmo com a energização, seu pulso continuava fraco, o caudal energético de seu corpo se esgotava, mas ela se tranquilizou e as dores diminuíram. Yasmim adormeceu profundamente.

Os três se retiraram, deixando uma senhora cigana velando o sono de Yasmim. Estavam exaustos pelos trabalhos do dia. Foram dormir.

Dara tomou um banho, voltou para sua tenda, encontrando Miguelito à sua espera, tão afetuoso que ela não pôde mais conter as emoções que vinha reprimindo: chorou de tristeza, nos braços do marido, pela doença que levaria sua amiga, em breve. Sentia-se culpada por ter demorado tanto para acessá-la.

Miguelito afagou seus longos cabelos, até que ela se acalmou e adormeceu. Dormiram abraçados, cada vez mais unidos. Dara despertou muito cedo, Miguelito ainda dormia. Correu para a enfermaria, preocupada. Yasmim ainda dormia, serena. Dara se sentiu confortada. A senhora cigana estava acordada, cuidando dela. Quanta fraternidade havia entre eles!

Durante o dia, Yasmim recebeu a visita de Helena, que a animou, contando-lhe sua história com Ramon. Yasmim adorava ouvir... e falar.

Deram-lhe caldos de legumes e a medicaram com tônicos revigorantes de ervas. À noite, sentia-se melhor, feliz por estar com os ciganos, lutava contra o desânimo causado pela dor. Queria saber mais histórias de seu povo.

Estelita foi chamada para narrar-lhe histórias. As duas se afinaram de imediato. Yasmim recordou-se da época em que contava histórias divertidas e emocionantes de seu povo com a mesma energia de Estelita: todos, adultos e crianças, queriam ouvir suas histórias. Lembrava que Maria, mãe adotiva de Dara, acreditava que poderia se tornar uma escritora, mas preferiu a vida fácil e agora pagava por isso. Via Dara casada com um homem lindo e rico como Miguelito, reconhecia que Dara fizera por onde merecer um amor como esse, porque sempre andou direito.

Yasmim observava Estelita, enquanto a jovem contava as histórias... e via-se nela, percebia que estava diante de uma mocinha ambiciosa que não mediria esforços para se dar bem.

"O que Estelita tinha de diferente de mim", Yasmim pensava, "era a vontade de estudar, de adquirir cultura, conhecimento."

As duas se identificaram e trocaram histórias, cada uma entendendo o que se passava no interior da outra, como em um espelho. Yasmim trazia sua vida estampada em seus olhos amarelados. Estelita sentia em seu coração o passado de Yasmim; eram muito parecidas... Depois de algumas horas juntas, tornaram-se amigas.

À noite, as dores se intensificaram e os *kakus*, mais uma vez, concentraram-se em elevar a vibração energética de Yasmim, pela imposição das mãos. Cuidaram dela até que adormecesse.

Após o trabalho, Dara se entregou às carícias de Miguelito. Amaram-se até de madrugada. O sexo amenizou sua angústia: acordou alegre, bem-disposta, dormindo mais do que pretendia, estava necessitada de repouso.

Ficou feliz ao encontrar Yasmim na companhia de Estelita, na enfermaria. Yasmim ria de suas histórias. Estelita, como raramente fazia, despertou muito cedo para fazer companhia à nova amiga. Estelita tinha uma memória privilegiada e queria também aprender as histórias de Yasmim, gravá-las em sua memória para transmiti-las às crianças agora e no futuro, a pessoas cultas, nas palestras que Manu ministrava.

"Yasmim teve história, viveu intensamente, teve amor e perdeu, teve dinheiro e perdeu, sofreu, adoeceu, mas teve uma história."

Estelita amava as pessoas que tinham uma história, não como os ciganos do acampamento que tiveram uma vida sem emoções, como sua mãe, seu pai e tantos outros. Ela não queria o mesmo para si.

Em breve, Estelita se casaria com Manu, filho de Ramon e Helena, mas mantinha o acontecimento em segredo. Aguardava que Dara e Miguelito fossem para a Espanha para anunciar o casamento aos irmãos ciganos.

Ela e Manu teriam uma festa simples, rápida: estava mesmo interessada na viagem de núpcias, a Portugal, e nas roupas novas que Manu lhe prometeu para a viagem. Tinha necessidade de ter roupas bonitas, conhecer outro país: queria voar como os pássaros para longe do lugar limitado e enfadonho em que vivia; esse sempre foi seu sonho.

Dara se sentia agradecida pela participação de Estelita na recuperação de Yasmim. Nesses momentos alegres, Yasmim esquecia as dores e dava a impressão de estar se recuperando. Mas Dara e os outros *kakus* conheciam o diagnóstico: não havia muito a fazer a não ser dar à amiga um final mais digno.

Yasmim, astuta, percebia que Estelita alimentava uma animosidade em relação a Dara, era ríspida com ela. Achava isso injusto, pois Dara a tratava com o mesmo respeito e carinho que tinha com todos.

Experiente, percebeu olhares furtivos da jovem cigana em direção a Miguelito e compreendeu rápido o porquê desse comportamento. E também observou os olhares amorosos de Manu em direção à sua noiva, Estelita.

Yasmim achou Manu um homem bom, inteligente e paciente.

"Gostaria de ter me relacionado com um homem assim", pensava Yasmim, "teria sido feliz. Manu transformaria Estelita em uma pessoa melhor, assim como Helena transformou Ramon. Como as histórias se repetem."

Nos dias em que se seguiram, Yasmim recebeu carinho e atenção dos irmãos ciganos – todos que puderam vieram vê-la na enfermaria, trazendo-lhe palavras de conforto. Ivan e Isabel foram visitá-la, constrangidos e fascinados de pisar em um acampamento cigano pela primeira vez, apesar de terem trabalhado diversas vezes no circo, com ciganos nômades. Ficaram surpresos por encontrar um acampamento limpo e organizado, que dispunha até de enfermaria e remédios.

Yasmim estava mais corada, bem tratada – observavam –, e mais bela. Ela os recebeu sorridente e carinhosa, percebendo pela primeira vez o amor de Ivan por ela. Viu isso nos olhos tímidos dele, molhados pelas lágrimas contidas. Emocionou-se profundamente. Ivan queria ficar a sós com ela, mas Isabel não lhe dava oportunidade. A menina não queria largá-la, ficava abraçada a Yasmim.

"Seria maldade", pensava Yasmim "dar a Ivan qualquer esperança".

Tinha horas de vida, as dores vinham como punhaladas e se esforçava ao máximo para disfarçá-las. À noite, mordendo um pano, sufocava os gritos de agonia que as dores lhe provocavam.

Queria ver as pessoas felizes, ao seu redor, ouvindo suas histórias e convivendo com ela. Sentiu muito a falta de seu povo, nesses 20 e poucos anos que esteve errando por esse mundo afora. Queria aproveitar cada minuto, cada segundo para saber a história de cada um e voltar na próxima vida com todo esse conhecimento e com eles, para fazer algo de bom a seu povo. Percebia como Dara estava exausta, desprendendo muita energia nos tratamentos. E havia também outras pessoas que a requisitavam. Por isso, Yasmim a poupava, não demonstrando a extensão da dor que sentia.

Dara percebia o esforço heroico de Yasmim para parecer melhor.

À noite, nos braços de Miguelito, Dara chorava pela partida próxima de Yasmim. As cartas ciganas lhe apareciam em sonhos, mostrando-a, o Coração, o Caixão, o Cachorro: uma pessoa que lhe era querida finalizando um ciclo de vida e sofrimento.

O tratamento que os três *kakus* ministravam em Yasmim é que ainda mantinham-na viva, com alguma disposição. A presença diária de Ivan e Isabel também contribuiu para o bom ânimo de Yasmim. Miguelito ia buscá-los de manhã e os levava à noite de volta ao circo. Tornaram-se amigos. Ramon propôs que Ivan e Isabel fossem morar no acampamento com os ciganos. De alma nômade, Ramon necessitava de novos desafios e, em breve, iria montar novo acampamento. Ivan e Isabel iriam junto. Diogo o substituiria onde estavam atualmente. Ivan aceitou de imediato, feliz com a perspectiva. Tinha profunda admiração por Ramon e estava disposto a acompanhá-lo.

Diogo progredia rapidamente como *kaku*, absorvia como uma esponja os ensinamentos de Ramon e estava namorando a enfermeira Silvana, uma moça cigana simples, de bom coração. Sua primeira namorada.

Ramon planejava ir para onde precisassem dele, após o casamento de Manu, seu filho, com Estelita. Diogo teria o auxílio dos ciganos mais velhos e experientes para dirigir com eficiência o acampamento. Traria inovações, frutos de uma educação refinada, que recebeu na Espanha. Diogo possuía juventude, inteligência, bondade, vidência e dom de cura; iria se sair bem.

Ramon colocou Ivan e Isabel a par da situação terminal de Yasmim, não queria iludi-los prometendo-lhes um milagre. Não havia como, nesse ponto de evolução do câncer, eliminar a doença. Isabel não queria acreditar que Yasmim morreria: teimava em alimentar a esperança de que um milagre aconteceria. Ivan, silencioso, discreto, ouvia diariamente as histórias de sua vida que ela lhe contava, sem julgá-la e sem interrompê-la, como um amigo. Percebia suas dores e sofria por ela, mas nada dizia.

Conheceu Yasmim profundamente nesses dias na enfermaria e a amou mais. Ela tinha cometido erros em sua vida, mas possuía qualidades que admirava profundamente, como a força de suportar essa dor com alegria.

Não tinha coragem de confessar seu amor por ela nem imaginava que ela já conhecia seus sentimentos. Esse amor dele por ela a mantinha viva.

Com esse jeito simples, tranquilo, Ivan cativou a todos do acampamento. Os ciganos sentiam que ele e a filha se converteriam a ciganos e passaram a tratá-los como irmãos. Isabel, menina carente, sentiu-se aconchegada, feliz.

Isabel lembrava que, desde que sua mãe os abandonara, o pai se tornou mais introspectivo, e seus negócios pioraram. Isabel precisava de uma estrutura familiar mais equilibrada. Era sensível, sentia-se em casa entre os ciganos; nem queria voltar ao circo, à noite, para dormir. Precisava de uma mãe e adotou, em seu coração, Yasmim como sua mãe.

Isabel sentia fascínio pela beleza e a luz que Dara irradiava. Era a imagem que idealizava da mulher cigana: misteriosa e sensual. Queria aprender a ler as mãos e as cartas, como ela. Cada cigana do acampamento tinha um encanto especial para a menina. Percebia seu pai mais alegre, mais forte, desde que passara a conviver com Ramon.

Manu viajava a trabalho e Estelita aproveitou para passar horas com Yasmim, diariamente. Chegava sempre alegre, com histórias que improvisava para animar a amiga. Exagerava nos detalhes, inventava personagens...

Yasmim adorava ouvi-la, lembrava de sua própria juventude, quando conseguia alguns favores em troca de suas histórias. Estelita gesticulava, imitando os personagens, tornando a narrativa tão interessante que as pessoas vinham à enfermaria ouvi-la. Yasmim ficava feliz, cercada pelos irmãos que vinham após o trabalho visitá-la.

Dara orava, à noite, em sua tenda, pedindo a Deus e aos ciganos do astral que proporcionassem a Yasmim uma morte suave e rápida. Antes de adormecer, tirou uma carta do tarô, saiu novamente a Torre. Sentia-se preparada para o desencarne da amiga. Fizeram o que puderam por ela, dando-lhe o amor de que necessitava para se salvar de seus pecados.

De madrugada, ouviu-se no acampamento um grito agudo, vindo da enfermaria. Dara, Miguelito, Ramon, Helena e Diogo chegaram a ponto de assistir ao último suspiro de Yasmim, que se despedia da vida e dos amigos, sorrindo e olhando para eles amorosamente. Estava linda, seu semblante transmitia paz e alegria. Havia partido para junto dos irmãos ciganos.

Seguiriam os rituais ciganos de sepultamento: ela foi vestida com um lindo traje de dançarina, de cor vermelha com rendas douradas, correntes douradas no pescoço e nas mãos; longos brincos dourados nas orelhas, à maneira como ela se apresentava ao dançar. Aplicaram-lhe maquiagem para disfarçar a palidez. Rodearam-na com flores do campo e jasmins, em homenagem ao seu nome. Dara a contemplava, com amor.

Como cigana e sensitiva, Dara acreditava que o último suspiro deveria ser sereno, para que o espírito encontrasse a paz, no mundo espiritual. Os guardiões do astral iriam acolher Yasmim.

Estelita chorava copiosamente durante o ritual do sepultamento. Sentia como se parte dela mesma fosse com Yasmim. A doença dela a tocou profundamente, trazendo-lhe um alerta para ter cuidado com seu próprio futuro.

Sentia saudade de Manu, um medo de perdê-lo e de perder a chance de ter um futuro. Ainda invejava Dara por tudo que a cigana era: linda, generosa, uma *kaku* respeitada, amada por Miguelito e por Yasmim. Não achava correto esse sentimento que alimentava, mas ainda não conseguia dominá-lo, queria fugir dali e desses "fantasmas" que atormentavam sua alma.

Miguelito trouxe Ivan e a filha Isabel para o sepultamento. A menina Isabel chorou muito ao ver o corpo de Yasmim no caixão. Ivan estava triste, mas não chorava: sentia que a alma de Yasmim encontraria a libertação.

Os *kakus* se reuniram, em volta do caixão, entoando preces e cantos sagrados, abençoando para que Yasmim encontrasse a paz em sua travessia para outro mundo. O ritual cigano de passagem foi realizado.

Yasmim foi sepultada no cemitério cigano, que ficava próximo ao acampamento. Queria permanecer entre ciganos e voltar cigana em outra vida, para reparar o pecado de ter se afastado dos irmãos.

Conforme os costumes ciganos, colocaram no caixão de Yasmim uma moeda para que ela pagasse o canoeiro pela travessia do grande rio que separa a vida da morte. Ofereceram-lhe uma cerimônia com água, flores, frutas.

Após o enterro, fizeram um banquete, homenageando a falecida.

Durante a refeição, Estelita pediu para falar e, emocionada, contou-lhes, carinhosamente, a história de Yasmim. No final de seu relato, aplaudiram, desejando boa sorte à cigana que se fora, deixando amigos e admiradores no pouco tempo em que esteve no acampamento.

Em seguida, cantaram e dançaram – um desfecho alegre do cerimonial, a pedido da própria Yasmim em seus momentos finais, que queria todos felizes.

Após o ritual do sepultamento, Miguelito comunicou a Dara que partiriam na manhã seguinte para a casa deles, em Andaluzia; não havia mais o que fazer ali: o trabalho dela seria assumido por seu filho Diogo dali para a frente. Ramon e Helena em breve iriam explorar outros territórios.

Dara nem imaginava que Miguelito já estava articulando seus contatos para encontrar pistas que o levassem ao paradeiro de sua mãe. Ele não lhe dizia nada para não alimentar suas expectativas e seus medos de ser novamente rejeitada.

Os ciganos, como nômades, viajavam muito para lugares distantes e traziam informações de um acampamento a outro. Miguelito estava certo de que haveria ciganos idosos, ainda vivos, que conhece-ram o cigano Ígor na juventude.

"Alguém deve ter conhecido a mulher que o cigano Ígor amou e com quem teve uma filha", pensava Miguelito. "Essa pessoa o levaria à mãe de Dara."

Sempre priorizou a si mesmo e agora tinha a sensação de estar amadurecendo, transformando seu coração no convívio com Dara. Olhava para a esposa com amor e desejo, não crendo na beleza que emanava dela, beleza essa que se tornava mais evidente aos seus olhos a cada novo dia.

Como homem cigano, tentava dominar a relação, temia torná-la uma mulher muito segura de si, independente. Tentava compreender sua sensibilidade, mas era um homem prático por natureza; às vezes, era rude com ela e arrependia-se em seguida, temendo pelo silêncio que se estabelecia entre eles, após momentos impulsivos. Dara se re-colhia em uma concha, diante de agressões; era algo instintivo nela e isso angustiava Miguelito. Viver junto a alguém como ela requeria transformações urgentes. Dara só se prenderia a ele se fosse amada e respeitada, jamais por medo ou comodismo.

Naquela noite, Dara e Miguelito despediram-se dos irmãos do acampamento. Talvez não voltassem mais ali. Faziam parte da vida nômade as despedidas. A convivência com Yasmim unira a todos do acampamento: sentiram forte emoção ao abraçar os irmãos, espe-cialmente ao se despedirem de Ramon e Helena, amigos próximos e queridos. Diogo os conduziria, de carro, ao aeroporto de Salvador; de lá, o casal voaria para a Espanha.

Pela primeira vez em sua vida, Dara entraria em um avião e iria mais longe do que jamais ousara ir até o momento. Porém, sen-tia-se segura, ao lado do marido. À noite, amaram-se com paixão, libertando as tensões acumuladas. Miguelito era muito ligado a sexo, acreditava que era a solução para os problemas. Ao lado de Dara, passou a se sentir completo, porque experimentava sensações que transcendiam o prazer físico: com ela fazia amor... Ambos sentiram uma agradável paz interior após o sexo.

Dara tinha impressão de que Miguelito tentava moldá-la à maneira como fora criado, como homem cigano. Não lhe sobrava tempo para seus passeios solitários pela mata, onde fazia seus rituais sagrados reservados aos *kakus*.

Ele tentava afastá-la de sua essência simples, intuitiva, com o objetivo de introduzi-la em um mundo rico, que ela considerava superficial e materialista: o dos Ciganos Ricos da Espanha, colecionadores de carros importados, de joias fabulosas, donos de mansões luxuosas.

Dara vivera a maior parte de sua vida em tendas, vestindo roupas usadas, que recebia de doações; comia com colher, não sabia nada sobre etiqueta. Entraria em um mundo novo, luxuoso, que Miguelito apreciava, e esperavam dela – tanto ele quanto sua mãe, Carmem – que estivesse à altura, soubesse se comportar, vestir-se com elegância, falar outras línguas. Não lhe diziam nada, mas Dara era sensitiva, sentia o que não era dito; as cartas lhe previniam de que teria uma batalha pela frente a enfrentar. Mostravam também que ela tinha força para vencer as provas.

"Afinal", refletiu Dara, "já suportei sofrimento, perdas, desde criança. Minha força espiritual me impediu de me corromper, como acontecia com tantas meninas ciganas... Um acampamento de ciganos quase foi dizimado pela doença que levou meus pais, os pais de Yasmim, e eu me salvei, não adoeci... por alguma razão".

Dara silenciou sua mente e orou: a esperança voltava em seu coração e se sentiu mais confortada quanto à nova vida que a esperava na Espanha. Mais segura de si mesma, sempre seria uma *kaku* e uma sensitiva, onde quer que fosse. Era sua missão.

Antes de partirem, embaralhou as surradas cartas de seus baralhos. Tirou o Sol no tarô e no baralho cigano, a Criança. Estava grávida!

Uma luz branca, translúcida, penetrou na tenda. Miguelito olhou sua linda mulher com amor. A fisionomia de Dara brilhava, transmitia a luz da felicidade. Miguelito abraçou-a, emocionado, com a sensação de que algo novo e lindo acontecia na vida deles, não havia necessidade de palavras.

Amanhecia. Deixaram o acampamento silenciosamente, como era o costume dos ciganos, quando partiam rumo à nova vida. Eram nômades, possuíam um ao outro... era hora de se desapegar, de serem felizes.

FIM